Seleta em prosa e verso

Manuel
Bandeira

Seleta em prosa e verso

Organização **Emanuel de Moraes**

6ª edição

JOSÉ OLYMPIO
EDITORA

Reservam-se os direitos desta edição à
EDITORA JOSÉ OLYMPIO LTDA.
Rua Argentina, 171 – 1º andar – São Cristóvão
20921-380 – Rio de Janeiro, RJ – República Federativa do Brasil
Tel.: (21) 2585-2060 Fax: (21) 2585-2086
Printed in Brazil / Impresso no Brasil

Atendemos pelo Reembolso Postal

ISBN 978-85-03-00959-1

Capa: Interface Designers/Sergio Liuzzi
Ilustração: Cássio Loredano

CIP-Brasil. Catalogação-na-fonte
Sindicato Nacional dos Editores de Livros, RJ.

B166s

Bandeira, Manuel, 1886-1968
Seleta em prosa e verso / Manuel Bandeira; organização [e introdução] Emanuel de Moraes. – 6ª ed. – Rio de Janeiro: José Olympio, 2007.

ISBN 978-85-03-00959-1

1. Poesia brasileira. I. Moraes, Emanuel de, 1921- . II. Título.

07-0137

CDD 869.91
CDU 821.134.3(81)-1

SUMÁRIO

SELETA EM PROSA E VERSO

VIVÊNCIAS

POÉTICA

VERSOS DE CIRCUNSTÂNCIA

POEMAS TRADUZIDOS

ESTRELA DA VIDA INTEIRA

APÊNDICE

NOTA DA EDITORA

Seleta em prosa e verso, de Manuel Bandeira, organizado por Emanuel de Moraes, fez parte da coleção Brasil Moço (Leitura Viva e Comentada), dirigida pelo escritor Paulo Rónai, publicada pela Editora José Olympio na década de 1970. Cada volume trazia amostras da obra de um autor consagrado, com comentários sobre os trechos selecionados. A coleção, com intuito didático, buscava se tornar verdadeira iniciação ao desejo de conhecer mais a obra daquele autor.

Neste livro estão reunidos poemas, artigos, crônicas e escritos em geral de Manuel Bandeira dos livros *Flauta de papel*; *Andorinha, andorinha*; *Itinerário de Pasárgada*; *Gonçalves Dias*; *Antologia de poetas brasileiros bissextos contemporâneos*; *Noções de história das literaturas*; *Estrela da tarde* e *Belo belo*, entre outros.

UMA VIDA SÓ PARA A POESIA

EMANUEL DE MORAES

AO DIZER QUE "engoliu um dia um piano, mas o teclado ficou de fora", mais do que um auto-retrato, Manuel Bandeira pintou um permanente estado de espírito, o eterno riso de sua boca acolhedora da dialogação alegre, o ar bem disposto ocultante do *mau destino* referido na "epígrafe"[1] de toda sua poesia, o qual, como diz, *fez de mim o que quis.*

Esperando a morte desde os dezoito anos — a tísica parecia, então, havê-lo condenado definitivamente —, por milagre do destino todos os de sua família — sua mãe, seu pai, sua irmã —, todos os que o cercaram amigos na infância, aconteceram de ser os seus mortos queridos, numa dorida e repetida paráfrase do que julgara consigo, e não com os outros, vir a ocorrer. "Não morrerei", escreveria o poeta, "com a mão na de meu pai. Ele é que morreu com a sua na minha". Mas a morte não vinha, nem veio antes dos oitenta anos, e, no ficar esperando, a ela se habituou como cândida amiga, sem desejo de imortalidade, vivendo num cotidiano morrer, apenas preocupado em que ela não o levasse sem que nada houvesse feito, para achar, afinal, com o avançar da idade e com sua obra realizada, que ela poderia vir. E realmente morreu na satisfação imensa de se haver encontrado como poeta e na estima e na consagração dos amigos e do público.

---

[1]Ver p. 167.

Marcado para a poesia, constituiu sua vida tudo aquilo e só aquilo que expressou em poesia, salvo, talvez, os seus amores. Amores de um solitário habitante dos quartos urbanos, vazios pelo desalento e pelo desencanto — a *vida que podia ter sido e que não foi* — vazios da presença do carinho familial, todavia, povoados de amizades, de fantasmas do passado e de literatura. Mas, do grande amoroso, o episódio desses momentos também haveria de ser cometido, conforme o foi, em poesia: a sua vida *cada vez mais cheia de tudo.*

Esse interligamento vida-poesia data do período da infância do *menino bem nascido,* transcorrido entre Petrópolis e o Recife. Se na serra do Rio de Janeiro, onde eventualmente morou aos quatro anos de idade, ele despertou para a vida consciente, na cidade natal, para onde retornou dois anos depois, formou-se a sua mitologia. Essas são informações que o próprio poeta nos dá, não só em suas notas autobiográficas, mas em vários de seus poemas.

Pode-se também dizer que entre o seu nascimento, 19 de abril de 1886, e a volta de Clavadel, onde fora tratar-se da tuberculose pulmonar que o assaltara no início dos estudos universitários (pretendia ser arquiteto), em 1914, estruturou-se o seu arcabouço poético, primeiro nos contos de fadas e outras estórias infantis, destacadamente a *Viagem à roda do mundo numa casquinha de noz,* depois pelo contato com os mestres, como Machado de Assis, José Veríssimo e João Ribeiro, e futuros mestres, como Sousa da Silveira e Antenor Nascentes, e incidentalmente, no sanatório suíço, com Paul Éluard, mas também por suas leituras, de Camões a Apollinaire e Claudel, passando por La Fontaine, Goethe, Heine, Baudelaire, Antônio Nobre e outros poetas.

Sua vida não teve lances heróicos, exceto talvez a veleidade de se candidatar a legislador da cidade do Rio de Janeiro, empurrado pelos amigos, quando o seu prestígio de poeta lhe rendeu apenas parca centena de votos, enquanto eram eleitos cidadãos de bem poucas luzes e nenhuma contribuição.

De participante das convivências literárias a professor colegial e universitário, distinguia-se pelo lado humano, deixava-se usar como conselheiro, pois amava os jovens, sem, contudo, bajulá-los, fazia amigos porque gostava de os ter, e com certa vaidade afirmava: "Sei, por experiência, que no Brasil todo sujeito inteligente acaba gostando de mim."

Não foi sem alguma relutância que ingressou na Academia Brasileira de Letras, em 1940, na vaga de Luís Guimarães Júnior. Relutou, porém, não por ser contra a Casa de Machado de Assis como instituição ou por ver nela alguma incompatibilidade com o seu modo de ser mas, sobretudo, por se haver formado principalmente com a geração modernista tão duramente repelida em 1924. Na sua simplicidade, relutou em virtude da obrigatoriedade do uso do fardão na solenidade de recepção. Seu amigo Ribeiro Couto, descrevendo a ocasião do convite, levado por ele e pelos acadêmicos Múcio Leão e Cassiano Ricardo, quando encontraram o poeta, no seu quarto da Lapa, "em pijama, com o corpo esguio a marcar angulosidades minuciosas", assinalou ao discursar recepcionando-o: "tivestes um recuo de hesitação... ficastes gravemente assustado com a expectativa de envergar o fardão regimental." E Manuel Bandeira vestiu-o, nessa oportunidade, para nunca mais.

Assim, do Curvelo à Lapa, dali ao pequeno apartamento do Flamengo, onde "Todas as manhãs o aeroporto em frente" lhe dava "lições de partir", até o dia de morrer, em 13 de outubro de 1968, cercado de livros que não se antepunham entre ele e o mundo, mas reforçavam essa comunhão, prosseguiu o poeta a sua vida simples, de amigo, extraordinária figura humana sempre revelada no convívio e na poesia, conforme bem expressa no final de sua narrativa autobiográfica: "Uma tarde voltei para casa seriamente impressionado de ter ouvido, na José Olympio, Rachel de Queiroz me dizer: 'Você não sabe o que sua poesia representa para nós.' Foi à força de testemunhos como esse, às vezes de gente quase de todo alheia à literatura, que principiei a aceitar sem amargura o meu destino... De fato cheguei ao apaziguamento das minhas insatisfações e das minhas revoltas pela descoberta de ter dado à angústia de muitos uma palavra fraterna."

E. de M.
Rio, maio de 1971.

ARIESPHINX

A FORÇA DA DOÇURA
A FORÇA DA POESIA
A FORÇA DA MÚSICA
A FORÇA DAS MULHERES E DAS CRIANÇAS
A FORÇA DE JESUS, O CORDEIRO DE DEUS.

REPRODUÇÃO DO EX-LIBRIS DE M. B.,
POR ALBERTO CHILDE (1917).

SELETA EM PROSA E VERSO

VIVÊNCIAS

A ANTIGA TRINCA DO CURVELO

VAI PARA UNS quinze anos escrevi uma crônica sobre a trinca[1] do Curvelo, Curvelo, a Rua do Curvelo, em Santa Teresa, hoje Rua Dias de Barros. Expliquei então que trinca era na linguagem da molecada a baderna dos meninos do bairro e passei em revista alguns dos tipos mais curiosos da malta do Curvelo — Lenine, o menor de todos que, quando batia à minha janela para pedir um níquel e eu não dava, ameaçava esbodegar a minha porta; Antenor, que eu chamava o antena Antenor; Ivã, que apelidei o Terrível; os irmãos Ernâni e Álvaro, os irmãos Piru Maluco, Arlindo e Ademar, os irmãos Culó e Orlando, o Encarnadinho, Juca Mulato e outros. Essa miuçalha vivia batendo bola em frente das minhas janelas, porque só ali, naquele trecho da rua, se praticava a verdadeira democracia, com absoluta liberdade de espatifar as vidraças nas vicissitudes do futebol de calçada... isso enquanto não foi meu vizinho fronteiro o austero Celso Vieira, então secretário da Corte de Apelação. De tempos a tempos a trinca do Curvelo travava lutas homéricas com a trinca de Hermenegildo de Barros, gentinha de morro abaixo, que a outra olhava com o maior desprezo.

Escrevendo sobre a velha trinca, arrisquei um prognóstico otimista que deu inteiramente certo. "Os piores malandros da terra", disse: "O microcosmo da política. Salvo o

[1]Denominação que outrora os garotos de uma determinada rua davam à sua turma, independentemente do número de componentes, tal qual hoje denominam de *patota*.

homicídio com premeditação, são capazes de tudo. Mentir é com eles. Contar vantagens, nem se fala. Valentes até a hora de fugir. A impressão que se tem é que ficando homens vão todos dar em assassinos, jogadores, passadores de notas falsas... Pois nada disso. Acabam lutando pela vida, só que com a saudade do único tempo em que foram verdadeiramente felizes..."

Tal e qual. Mudei-me do Curvelo para a Lapa. Durante alguns anos tive notícias da trinca por Ernâni, que de quinze em quinze dias ia encerar o meu apartamento. Mas Ernâni entisicou e morreu. Quando estava nas últimas, mandou-me um recado, pedindo-me que o fosse ver. Fui. Ernâni sofria sem nenhum sentimentalismo. Em certo momento a irmãzinha, um anjo louro, não soube acudir-lhe a tempo com a escarradeira. "Dá um bofetão nessa burra!", gritou o quase moribundo para o irmão Álvaro. A trinca era assim. Dois dias depois morreu.

Perdi o contato com a trinca. Hoje, passando na avenida Rio Branco, vi o Álvaro. Álvaro vende bilhetes de loteria e joga futebol. Está com 21 anos, não quer saber de casamento. Foi ele que me deu notícia dos companheiros de dez anos atrás.

A única tristeza é a loucura de Lenine (já no tempo do Curvelo sofria de ataques epiléticos). Os outros, porém, prosperaram. Encarnadinho é alfaiate na Lapa; o pretinho Malaca, ajudante de alfaiate; Culó, aviador; Orlando e Rafael, cadetes do exército; Piru Maluco e Arlindo, gráficos; Zeca Mulato foi sapateiro, mas estudou e hoje é datilógrafo; Bacurau é investigador; Ademar, jogador de boxe e de luta-livre... Nenhum se perdeu. Nenhum tem nota de culpa na polícia.

Tenho saudades desses meninos. Prestavam-me de vez em quando um servicinho, ao que eu procurava corresponder com fornecer-lhes linha e papel fino para os papagaios. Uma vez por outra um susto — pá! — o impacto da bola "que saía fora pela linha das arquibancadas". Duas vezes, a minha vidraça partida. Raiva, raiva de verdade só me deram uma vez, em que saí de fraque para um casamento. Não vos conto nada: a trinca suspendeu a partida de futebol e começou a gritar: "Seu Manuel Bandeira de fraque! Seu Manuel Bandeira de fraque!" Também foi a última vez que vesti fraque na minha vida.

(*Flauta de papel*)

DEPOIMENTO DE UM INOCENTE[1] DO FLAMENGO

QUANDO EU ERA professor de literatura no Externato do Colégio Pedro II, vivia assediado pelos alunos que, desorientados na balbúrdia das reformas ortográficas, queriam resolver as suas perplexidades. Perguntava um: *"Têm, eles têm,* se escreve com dois *ee* ou com um só e acento circunflexo?" Outro: "Professor, Luísa é com *s* ou com *z*?" E assim por diante. Eu respondia da melhor maneira e com toda a paciência a todos eles.

Mas se eu tivesse a elevação moral do amado cronista,[2] devia era correr com todos, mais ou menos assim: "Pois no momento em que a pugna social cresce de sentido e intensidade, vocês andam preocupados com essas baboseiras? Sumam-se da minha vista!"

Quando o ministro Capanema compareceu o ano passado à Academia Brasileira de Letras para pôr nas mãos dos acadêmicos a tarefa de elaborar um vocabulário ortográfico baseado no da Academia das Ciências de Lisboa, eu só abri a boca para escusar-me de tomar parte nos trabalhos da comissão, fiel à minha idéia de que trabalhos dessa natureza não competem a literatos.

---

[1]Manuel Bandeira apropriou-se, na crônica, da palavra *inocente* de um poema de Carlos Drummond de Andrade, a respeito dos indiferentes, muito em voga na época: "Inocentes do Leblon", que traz este verso: *Os inocentes, definitivamente inocentes, tudo ignoram.* E pede paz para o poeta lírico.

[2]A crônica responde aos ataques que sofreu o poeta de parte do sectarismo de esquerda, pelo fato de continuar um lírico, enquanto o mundo se encontrava em guerra.

Mas se eu tivesse a elevação moral do operoso cronista, teria pedido a palavra para dizer ao ministro da Educação: "Meu ministro, pois nesta hora em que a sorte da cultura contemporânea está sendo jogada com a sorte das pátrias nas linhas de frente, vem V. Ex.ª desviar a nossa atenção para questiúnculas de gramatiquice?"

Quando o Dr. Nelson Massena, da redação de *A Noite,* me telefonou pedindo-me que lhe dissesse, para ser transmitido aos leitores do seu jornal, o que eu sabia acerca dos trabalhos da Academia relativos ao acordo ortográfico, forneci ao jornalista, como era da mais elementar polidez, as informações solicitadas.

Mas se eu tivesse a elevação moral do cintilante cronista, o que eu deveria ter feito era gritar possesso: "Ora, Dr. Massena, o senhor não vê logo que eu não vou deixar de pensar nas criancinhas bombardeadas para me ocupar de ortografia?"

Quando recebi o convite para visitar, como crítico de artes plásticas de *A Manhã,* a Exposição de Pintura Britânica Contemporânea, acudi prontamente e escrevi algumas linhas sobre ela dias depois.

Mas se eu tivesse a elevação moral do belicoso cronista, a elevação moral e os recursos materiais, bem entendido, teria era passado um telegrama ao Churchill, mais ou menos nestes termos: "Francamente, bichão! A Inglaterra está empenhada numa guerra de vida e de morte, milhares de rapazes ingleses morrem nos campos de batalha dos cinco continentes, e o senhor ainda se lembra de mandar embaixadas artísticas aos quatro cantos do mundo? O senhor parece um fantasma do grupo laquista ou algum sobrevivente da Pré-Raphaelite Brotherhood! O senhor é um inocente do Tâmisa!"

Não tenho elevação moral, reconheço. Não é que não me interesse pela tragédia da guerra, como julga maliciosamente o magnânimo cronista. Se tivesse a sua idade e saúde, iria bater-me de armas na mão, como ele está fazendo. Mas sou um homem que não pode com um gato pelo rabo. Dir-me-á o cronista: "Não pode lutar como eu, vá lá. Mas ao menos escreva poemas de guerra, chore sobre as criancinhas metralhadas!"

Eu lhe direi no entanto que sou um poeta menor;[3] que poesia social não é para quem quer mas para quem pode, e quem pode é Éluard, é Aragon, é Neruda, é Carlos Drummond de Andrade. Deixe o bravo cronista em paz este pobre inocente do Flamengo. Nem ao menos do Leblon![4] Ah, deitar na boa praia, pedalar de sunga, como o Vinicius ou o Rubem Braga! Ah, Pasárgada![5]

Uma coisa, porém, afianço ao cronista: ainda que eu tivesse a bossa da poesia militante de guerra, não falaria nos meus poemas de criancinhas metralhadas pelos aviadores do eixo. E isso porque não acredito que haja aviadores, mesmo alemães e japoneses capazes de visar deliberadamente as criancinhas. Podia falar, porque sou um sentimentalão. Mas tudo tem o seu limite, e eu na sentimentalidade paro antes da sordície.

(*Flauta de papel*)

[3]Ver p. 60-61 e 266-267.
[5]Ver p. 252.

MUNDO DE KAFKA

Comunico aos meus amigos e aos meus inimigos que, apesar de nas vésperas de completar o setuagésimo primeiro ano de atribulada existência, continua o velho bardo Bandeira a lecionar, sem grande proveito para os seus alunos, as literaturas hispano-americanas na Faculdade Nacional de Filosofia.

Não devia estar acontecendo tal coisa, pois desde o ano passado o presidente Juscelino Kubitschek teve o belo gesto de sancionar a resolução do Congresso que concedeu aposentadoria ao restaurador de Pasárgada. Mas é que, sancionada a lei, caiu o processo nos porões da burocracia e ninguém sabe onde anda.

Ciro dos Anjos é um homem de extraordinária perspicácia tanto no mundo da ficção (haja vista a sua *Montanha*), como neste mundo de meu Deus. Em desespero de causa, recorreu a ele o bardo, pois já uma vez, precisando de documentos e escritos relativos à querida Sóror Juana Inés de la Cruz, escreveu a Ciro, que se encontrava no México, e pela volta do correio recebeu não só o que pedira como outras coisas mais. Ciro está agora no Catete e prometeu localizar o encantado processo. De qualquer maneira, previno que na primeira quinzena de julho vou-me embora pra Pasárgada.

Essa é a minha história. Agora a de d. Frederica, holandesa admitida no território nacional em caráter permanente e que se prepara neste momento para viajar em visita à sua terra. Exigiram-lhe atestado de bons antecedentes e folha corrida. Lá fui eu ao Instituto Félix Pacheco tratar disso.

Disseram-me que era indispensável a presença da senhora. Que enchesse as fórmulas e levasse duas estampilhas de Cr$ 20,00,[1] duas de dez e dois selos de Educação. Assim fizemos. Então foi-nos informado que faltava ainda uma estampilha de Cr$ 3,00 e outro selo de Educação. Fomos comprar os selos. Voltamos. Depois de tomada a impressão digital de minha amiga, deram-nos um papelzinho marcando para uns dez dias depois a entrega dos documentos requeridos. Voltei ao cabo dos dez dias. A repartição estava se mudando para mais longe, na Rua Venezuela. Voltei segunda vez dois dias depois. Na Praça Mauá não havia guichês, o público ficava separado dos funcionários por uma simples balaustrada: era um ambiente mais humano. Na Rua Venezuela o expediente assumiu com os guichês aquele ar fia-mais-fino cem por cento burocrático. Entrei na fila dos infelizes e quando cheguei à boca do guichê, o funcionário consultou o arquivo, achou os papéis relativos a d. Frederica, leu-os e veio dizer-me que faltava ainda um documento — a pública-forma da Carteira nº 19 (Carteira de Identidade para Estrangeiro); que eu voltasse com ela e com uma estampilha de Cr$ 20,00. "Precisa também selo de Educação?" perguntei cauteloso. Não, não precisava. Fui tirar a pública-forma. Cr$ 40,00. Comprei a estampilha. Voltei. "Até que enfim!" exclamei quando de novo me vi na boca do guichê da Rua Venezuela. Que ingenuidade a minha! O funcionário (era outro) olhou a forma, olhou-me de lado, como se eu fosse um criminoso, leu de alto a baixo o documento, me deixando de braço estendido com a estampilha, e afinal me deu outro papelzinho marcando a entrega para doze dias depois!

[1]Vinte cruzeiros.

Esperemos que em Brasília, onde, segundo o poeta Augusto Frederico Schmidt, o presidente Kubitschek está fundando, como Enéias,[2] uma nova Roma, as coisas se passem de maneira diferente do que neste mundo de Kafka[3] que é atualmente esta inabitável cidade de São Sebastião do Rio de Janeiro.

(*Flauta de papel*)

---

[2]Personagem lendário greco-romano, cujas aventuras desde a fuga de Tróia, após a derrota, à formação do mundo latino, constituem objeto da *Eneida*, de Virgílio, que pretendeu com esse poema épico dar a Roma uma poesia equivalente à epopéia de Homero.

[3]O mundo dos intrincados e injustificados processos burocráticos que sufocam o homem, conforme os descreveu Franz Kafka em *O processo*, romance em que situa a angústia do homem em face das incoerências anti-humanas criadas pelo próprio homem.

CUIDADO COM O X.!

OUTRO DIA tomei um táxi-lotação para Copacabana, havia dois lugares vagos atrás, mas anoitecia, peneirava uma chuvinha miúda, fazia frio, preferi sentar-me no banco da frente para me aquecer ao calor da máquina. O passageiro que ocupava a ponta teve o gesto antipático de sair muito polidamente para me dar entrada, e lá fui eu, espremido entre ele e o chofer, quando a lotação se completou com dois novos passageiros. Estes eram grandes palradores, um ao que parece literato e bastante academizável,[1] pois, caindo a conversa sobre a Academia, o outro perguntou-lhe:

— Você nunca pensou em se candidatar?

Aí apurei o ouvido, quer dizer, dei toda força à minha maquinaria de ouvir e o que ouvi foi isto, que reproduzo com a possível fidelidade:

— Eu, candidatar-me?

— Por que não?

— Deus me livre!

— Tem preconceito antiacadêmico?

— Não é isso. Não tenho é vocação para ser traído!

— Traído?

— Não quero dar ao X. o gostinho de me fazer o que fez ao A. e ao B.!

— Não conheço o caso, me conte.

---

[1]Maneira irônica de tratar aqueles que têm a tendência de pretender entrar para a Academia Brasileira de Letras.

— Pois ouça lá. A. e B. disputavam a mesma vaga. X., amigo de ambos, prometera o voto a ambos. Prometera de pedra e cal, como se diz. Era, porém, de crer que o desse a B., pois à véspera do pleito telefonara à mulher de B. recomendando-lhe: "E olhe, não se esqueça de pôr champanha na geladeira, a vitória é certa!" Mas no momento de votar...

— Votou em A.

— Qual A. nem B.! Votou em C.!

— Em C.? C. não tinha nenhuma possibilidade de ser eleito! Foi então um voto humorístico?

— X. não é humorista, você sabe disto melhor do que eu. Votou em C. porque o homem lhe andava prestando uns serviços, na ocasião precisava mais dele do que de A. e de B.

— Incrível!

— Mas ouça o resto, que ainda é melhor. X. teve o descoco[2] de telefonar a B., que foi o eleito, para felicitá-lo: "Meus parabéns! Então ganhamos!" Ao que B. respondeu, seco: "Ganhamos sim, mas não com o seu voto, que foi de C." No dia seguinte B. recebia uma telefonada de C.: "Dr. B., quem votou em mim não foi o X., foi o Y." Grande surpresa de B., que telefona para A.: "C. me telefonou dizendo que quem votou nele não foi o X., foi o Y." A. desmentiu indignado: "É falso! Y. votou em mim, eu próprio fui o portador dos votos dele!"

Eu escutava estarrecido. Decerto tudo aquilo era invenção. Mas invenção ou não, aviso aos navegantes: se se candidatarem à Academia, cuidado com o X.

(*Andorinha, andorinha*)

[2]Audácia, ousadia. (*N. da E.*)

A FÊMEA DO CUPIM

TENHO UM AMIGO, cujo filho pretendeu entrar para a diplomacia. Não que tivesse vocação para a carreira; a vocação dele era para o turismo, mas como para quem é pobre a maneira mais fácil de arranjar viagem é fazer-se diplomata, candidatou-se ao curso do Instituto Rio Branco.[1] Foi reprovado em português no vestibular. Os leitores hão de imaginar que ele redigia mal, ou que havia na banca um funcionário do DASP[2] que lhe tivesse perguntado, por exemplo, o presente do indicativo do verbo "precaver". Foi pior do que isto: um dos examinadores saiu-se com esta questão absolutamente inesperada para um candidato a diplomata: qual o nome da fêmea do cupim? O rapaz embatucou e o mais engraçado é que ignora até hoje. Inquiriu todo o mundo, ninguém sabia.

Eu também não sabia, mas tomei o negócio a peito. Saí indagando dos mais doutos. O dicionarista Aurélio decerto saberia. Pois não sabia. O filólogo Nascentes levou a mal a minha curiosidade e respondeu aborrecido que o nome da fêmea do cupim só podia interessar... ao cupim! Uma minha amiga professora, sabidíssima em femininos e plurais esquisitos, foi mais severa e me perguntou se eu estava ficando gagá e dando para obsceno!

---

[1]Instituição onde são preparados os candidatos à carreira diplomática, ou, como se diz habitualmente, ao Itamaraty (Ministério das Relações Exteriores).

[2]Departamento Administrativo do Serviço Público, criado em 1938, tinha como objetivo aprofundar a reforma administrativa destinada a organizar e a racionalizar o serviço público no país. (*N. da E.*)

Vi que tinha de me arranjar sozinho. Fui para casa, botei a livraria abaixo. Nada de fêmea do cupim. De repente me lembrei da *Enciclopédia Delta Larousse*, cujos quatro últimos volumes — primorosos! — acabo de receber. Corri ao índice geral. Ó beleza! Lá estava: "Cupins, p. 6.436". Li muita coisa interessante sobre a fêmea do cupim. Assim, que ela apresenta a mais monstruosa hipertrofia abdominal que se possa imaginar: atinge o volume de uma salsicha e põe sem parar, noite e dia, um ovo por segundo, ou seja, cerca de trinta milhões por ano, cento e cinqüenta no curso de sua vida. E uma porção de outras minúcias. Mas sobre o nome da bicha, neca!

Isto, pensei comigo, é problema que só poderá ser resolvido por algum decifrador de palavras cruzadas, gente que sabe que o ferrinho onde se reúnem as varetas do guarda-chuva se chama "noete", que o pato "grasna", o tordo "trucila", a garça "gazeia", e outras coisas assim. Telefonei para minha amiga Jeni, cruzadista exímia. "Jeni, me salve! Como se chama a fêmea do cupim?" E ela, do outro lado do fio: "Arará".

Fui verificar nos dicionários. Dos que eu tenho em casa só um trazia a preciosa informação: "Arará", s. m. (Bras.) Ave aquática do Rio Grande do Sul; fêmea alada do cupim."

Mestre Aurélio, a fêmea do cupim se chama "arará", está no meu, no teu, no nosso dicionário — o *Pequeno dicionário brasileiro da língua portuguesa!*

(*Andorinha, andorinha*)

VERÍSSIMO

A ACADEMIA BRASILEIRA está de férias. Se não fosse assim, quinta-feira passada, dia 2, teríamos, certamente, celebrado a data, que é a do quadragésimo aniversário da morte de José Veríssimo.

Veríssimo foi o grande crítico da geração realista. Em vida, era pouco amado, embora grandemente respeitado e até temido. Isso porque foi sempre rudemente franco, inimigo, como Machado de Assis, dos sujeitos derramados, inimigo do "parentirso"[1] brasileiro, tão bem glosado por João Ribeiro em suas *Páginas de estética.* Não se limitou a acolher mal os simbolistas do tempo, suponho que mais por causa da parafernália litúrgica[2] deles, por causa dos cacoetes da escola, da sua mania de maiúsculas e outras visagens: punha também grandes reservas no seu apreço aos parnasianos. Nunca me esqueci da crítica com que recebeu a reedição das *Poesias* de

---

[1]"Nós outros brasileiros não temos, por enquanto, por falta de personalidade étnica e política, um estilo nacional. Suspiramos, irresolutos e indecisos, por um tipo social, por um dialeto e uma forma civil... Mas se não temos estilo perfeito, temo-lo em alguns dos seus vícios... Examinando atentamente o que poderia dar-se com o caráter nacional (e sem intenção de riso), parece que o nosso vício de estilo é o *parentirso* dos gregos, isto é, o estilo furioso dos bacantes e foliões antigos... A expressão ou o ato, por insólitos ou exagerados, tomam-nos de improviso e em sobressalto quando não se cuidava esperá-los... É esse um 'estado d'alma' e de caráter que revela o parentirso. E a sociedade, digo, a base social dessa literatura, padece o mesmo erro e falha idêntica." (João Ribeiro, *Páginas de estética,* 1905)

[2]*Parafernália litúrgica* é uma referência às regras de pouco valor e muito confusas que os simbolistas pregavam.

Bilac, artigo cujo título era, cerimoniosamente, "O sr. Olavo Bilac, poeta", e tome lenha!

Quarenta anos são passados e estamos constatando que o seu nome vem crescendo sempre. "Só a posteridade teve bastante isenção para apreciar-lhe bem a probidade", escreveu a propósito dele mestre Otto Maria Carpeaux na *Pequena bibliografia crítica da literatura brasileira.*

Probidade — essa foi realmente a qualidade primacial de Veríssimo. Era um crítico que não precisávamos ler de pé atrás. Escrevia sem reservas mentais: o que pensava e sentia, dizia.

No Externato do Ginásio Nacional, nome que tinha no meu tempo o Pedro II, tive-o como diretor e como professor de geografia. Professor quase sem voz — era rouquíssimo — mas ótimo professor. Fazia-nos aprender geografia de vara na mão em cima dos mapas. Estou a vê-lo na sala de aula, pequeno, magrinho, mas o olhar forte, penetrante, bom espelho daquela alma reta e severa. Gostava de corrigir a nossa linguagem. Um dia, em que o objeto da lição era o meu estado natal, perguntou-me de supetão: "Qual o maior rio de Pernambuco?" Respondi, muito orgulhoso, do fundo da sala: "É o Capibaribe." Ao que comentou Veríssimo: "Bem se vê que o senhor é um pernambucano!" A turma gozou-me numa grande gargalhada. A princípio fiquei atarantado, sem compreender. Até que veio a correção do mestre: "Diga Capiberibe."

No momento eu não podia ter consciência de que o menino nascido e criado à beira do rio falara certo. Fiquei indignado, mas a minha indignação passou logo: àquele tempo já eu admirava o grande crítico, cujos artigos no *Jornal do Commercio* faziam as minhas delícias. Esse incidente de aula iria fornecer-me, vinte e tantos anos depois, um efeito musical para a minha "Evocação do Recife",[3] onde registrei as duas formas: "Capiberibe... Capibaribe..." Infelizmente, o mestre já era morto quando escrevi o poema.

(*Flauta de papel*)

---

[3]Ver p. 232.

ROSA EM TRÊS TEMPOS

I

AGRADECENDO a oferta que me fez Guimarães Rosa de sua primorosa tradução d'O *último dos maçaricos*, de Fred Bosworth, escrevi-lhe umas lérias e acabei com estas duas sextilhas:

Não permita Deus que eu morra
Sem que ainda vote em você;
Sem que, Rosa amigo, toda
Quinta-feira que Deus dê,
Tome chá na Academia
Ao lado de vosmecê,

Rosa dos seus e dos outros,
Rosa da gente e do mundo,
Rosa de intensa poesia,
De fino olor sem segundo;
Rosa do Rio e da Rua,
Rosa do sertão profundo!

P'rá que é que fui mexer com homem dos gerais do Urucuia? De Neo-Pasárgada, Rosa retrucou em sextilhas de versos todos rimados:

. . . .

Ao nosso Afonso te peço
Dizer um recado meu:
Seu louvor e nobre apreço
Grata alegria me deu;
E ora vejo, penso e meço:
Agora mais me venceu.

Tudo bem, Manuel. Somente,
Embora seja robusto,
Eleição espanta a gente;
E só penso nisso a custo:
Constrange-me o "aurisplendente"
E o processus me dá susto.

Rosa-chá? Rosa do voto?
(Devoto, sim.) Mas seria
Melhor persistir remoto
Sem espinho ou nostalgia.
Louros e não rosas, noto,
Vão bem a uma Academia.

Então:

Respondo a Guimarães Rosa
Em pé de romance assim:
Vou pedir ao Maçarico,
Vou pedir a Miguilim
Que a mano Rosa eles digam:

— "Rosa, não seja ruim.
Faça a vontade do bardo,
Ainda que bardo chinfrim!"

E eu secundo: Mano Rosa,
Rosa, rosai, rosae, rosae,
Vou aos meus dias pôr um fim.

Antes, porém, me prometa,
Pelo Senhor do Bonfim,
Que à minha futura vaga
Você se apresenta, sim?
Muito saudar a Riobaldo,
Igualmente a Diadorim![1]

II

OUTRO DIA, de novo, inesperadamente como sempre, me deparei na cidade com Rosa, purpúreo e belo. Fiquei feliz o resto da semana.

Desta vez não filosofamos sobre a vida e a morte e o subconsciente. Puxei conversa a propósito da colaboração semanal que Rosa iniciou em *O Globo*. Eu desejava saber, para meu governo, o que Rosa está sentindo diante dessa obrigação hebdomadária de um estirão de jornal assinado por ele.

A resposta veio pronta:

— Angústia.

Concluí imediatamente: Rosa não é jornalista.

Explico-me. Para o jornalista, digo o jornalista de vocação, escrever não é obrigação: é necessidade. O jornalista quer escrever todos os dias, não pode deixar de escrever, se não escrever, morre entupido. Duas vezes por semana

[1]Miguilim, Riobaldo, Diadorim: personagens de Guimarães Rosa.

apenas eu bato a máquina, à última hora, uma croniquinha pífia. Danado da vida. Não sou jornalista. Rosa nunca escreve senão caprichado. Por isso, mal entrega a sua colaboração da semana, começa a trabalhar na da semana seguinte. Ora, uma semana não dá para Rosa caprichar nas suas invenções verbais (há sempre invenções verbais em tudo o que Rosa escreve). Daí a angústia. Rosa confidenciou-me:

— Começo a escrever, um mundo de coisas, idéias, imagens, reminiscências, me acodem. Escrevo cinco, dez, quinze páginas. É preciso reduzir a três. Começo a cortar, começo a corrigir. Aí tomo gosto. Nunca se acaba de corrigir. O meu desejo é então continuar a corrigir até o fim da minha vida. Mas há que entregar os originais. E no dia seguinte recomeçar coisa nova.

Eu sabia que era assim com Rosa. Sabia do que se passou com ele quando foi convidado a traduzir para *Seleções* um romance condensado. Era a história de um pássaro. Rosa mandou vir dos Estados Unidos o romance completo. Mandou vir também tratados de ornitologia. Fez a tradução, reescreveu-a cinco vezes. No fim saiu obra perfeita, coisa que não era no original. Mas Rosa gastou muito mais do que ganhou.

No caso de *O Globo* deve estar sucedendo o mesmo. Escrever para jornal é como escrever na areia. Rosa não escreve na areia: Rosa grava na pedra. Para a eternidade. Assim, o que Rosa está fazendo em *O Globo* é, capítulo a capítulo, mais um livro, digno de ficar junto de *Sagarana*, *Corpo de baile* e *Grande sertão: veredas*.

III

TENHO UM AMIGO que não vai com Guimarães Rosa escritor: "Gosto da prosa pão, pão, queijo, queijo", diz ele. "Rosa é torcicoloso".[2]

Respondo-lhe que também gosto da prosa pão, pão, queijo, queijo, mas Rosa, como Joyce, há que aceitar-se como exceções. Têm o direito de não ficar em se servirem da língua, como toda a gente, ou de o fazerem, mas acrescentando, como Mallarmé, "um sentido novo às palavras da tribo". Rosa inventa palavras, deforma-as, desintegra-as, recompõe-nas, faz alquimias, cirurgia plástica, sei lá o que seja. De *Hitler* e *atrocidade* já fez *hitlerocidade,* monstro esplêndido.

A restrição que, uma vez ou outra, tenho a impertinência de lhe fazer é a sua mesma extrema opulência de invenção verbal. Rosa não se repete, não tira clichês de seus achados. Começa que a gente nunca sabe quando a invenção é dele ou é do povinho de seu município mineiro.

Uma das invenções mais surpreendentes de Rosa foi aquilo de falar "nesta outra vida de aquém-túmulo". O que eu não dava para ter fabricado isso! Agora é tarde, está achado, e o único jeito é plagiar.

Resolvi fazer como Nilton Silva, que escreveu uns bonitos versos a que intitulou "Poema com um verso de Manuel Bandeira". O meu verso é "Eu quero a estrela da manhã!" Sobre ele Nilton teceu as suas variações.

Procederei um pouco diferentemente: direi meia dúzia de lugares-comuns e rematarei dando consistência ao

---

[2]Tortuoso.

mingau ralo com o tutano verbal de Rosa. Assim, por exemplo (é um ensaio):

Poema com uma linha de Guimarães Rosa

Depois de morto,
Primeiro quererei beijar meus pais, meus irmãos, meus
[avós, meus tios, meus primos.
Depois irei abraçar longamente uns amigos —
[Vasconcelos, Ovalle, Mário...
Gostaria ainda de me avistar com o Santo Francisco
[de Assis.
Mas quem sou eu? Não mereço.
E então me abismarei na contemplação de Deus e de sua
[glória.
Esquecido para sempre de todas as delícias, dores,
[perplexidades
Desta outra vida de aquém-túmulo.

Que tal, Rosa? Que tal, leitores?

(*Andorinha, andorinha*)

LINS DO REGO: O ROMANCISTA E O HOMEM

CERTA VEZ entrei na Confeitaria Colombo e deparou-se-me coisa que é rara ali: uma comprida mesa cheia de alegres convivas. Quase todos eram cabeças-chatas na flor da idade. Imediatamente palpitei: o *scratch* cearense de futebol! E era mesmo. Enquanto almoçava, fiquei observando-os. E o tipo físico dos jogadores, o plano braquicéfalo, uma ou outra inflexão cantada que me chegava aos ouvidos me foram enchendo de uma estranha emoção, em que ao cabo reconheci o velho sentimento de pátria, despertado assim mais fortemente do que por manifestações oficiais ou de encomenda. Senti-me então torrencialmente submergido naquela "onda viril de fraterno afeto" a que fiz alusão no meu poema do "Marinheiro triste."

Pois bem: a mesma aura de emoção, o mesmo amor da pátria total identificada numa expressão regional me salteou desde as primeiras páginas de *Fogo morto.*

Dizia-se que Lins do Rego só era bom mesmo na psicologia dos fracassados, dos indivíduos de vontade fraca, do tipo de Carlos de Melo: o mestre José Amaro e sobretudo Vitorino Carneiro da Cunha — Vitorino Carneiro da Cunha, não! Capitão Vitorino Carneiro da Cunha, o homem pagou patente e a defendia no campo da honra! — vieram mostrar que o nosso amigo trazia todo o Nordeste no sangue. E justamente o Capitão Vitorino me parece de longe a criação mais acabada, mais viva, de toda a sua galeria de tipos. Aquele Quixote do Nordeste não precisou de novelas de cavalaria para esquentar a imaginação e criar fibra de herói andante, defensor dos pobres e paladino da justiça. Não tinha sequer um Sancho Pança a acompanhá-lo, não queria auxílio de ninguém e toda a sua fortuna era o punhal de Pasmado e uma burra velha caindo aos pedaços pelas estradas. Mentiroso sem baixeza, vadio sem preguiça, valentão sem muque, desacatado até pelos garotos que o enfureciam ao gritarem de longe a alcunha indecente, Vitorino — dobro a língua, o Capitão Vitorino —, mal escondia debaixo dos seus despropósitos uma pureza de criança. E só mesmo os demônios como os cangaceiros de Antônio Silvino ou os "macacos"[1] da volante do tenente Maurício ousavam bater-lhe. Mas Vitorino Carneiro da Cunha jamais foi moralmente vencido. As cenas em que o romancista descreve a intrepidez desbocada do velho em face da crueldade dos bandidos do cangaço ou da polícia estadual são verdadeiramente épicas e se colocam, como a da surra terapêutica do mestre José Amaro na filha doida, entre as mais fortes de sua obra, se não ainda de toda a ficção brasileira.

Os romances de José Lins encantavam-me duas vezes: quando eu os lia e antes, quando, na fase em que ele os estava escrevendo, me ia narrando os sucessivos episódios. O romancista falava, então, não como se me estivesse expondo a sua ficção, mas como se falasse de personagens reais de carne e osso. Era uma delícia. E a obra sempre lhe saía da pena com aquele calor humano que fazia esquecer certas falhas do escritor, avesso ao trabalho de reler e emendar (sabe-se que escrevia sem rasuras e só corrigia uma vez — quando ditava o texto original para a datilógrafa).

[1]Designação dada pelos cangaceiros aos homens da polícia estadual.

O homem Lins do Rego valia o romancista. Os seus defeitos eram todos defeitos nascidos da generosidade. Dizem que como fiscal do imposto de consumo nunca multou ninguém. Não estava certo, mas a falta resultava do seu bom coração. Nunca errou por mesquinharia. Era homem sem *bondades,* como disse nordestinamente de certa personagem de um dos seus romances: sem *bondades,* quer dizer, sem maldades.

(*Andorinha, andorinha*)

PRA MIM BRINCAR

NÃO HÁ NADA mais gostoso do que *mim* sujeito de verbo no infinito. *Pra mim brincar.* As cariocas que não sabem gramática falam assim. Todos os brasileiros deviam de querer falar como as cariocas que não sabem gramática.

— As palavras mais feias da língua portuguesa são *quiçá*, *alhures* e *miúde*.

(*Andorinha, andorinha*)

IGNORA?

Dos VENDEDORES ambulantes que freqüentavam a Rua da União, dois me interessavam particularmente: a preta das bananas, com o seu vistoso xale de pano da costa, e o homem dos sapatos. Este chegava com o seu grande baú de folha-de-flandres, abria-o na saleta de entrada e ficava esperando pela freguesia, que eram as senhoras de casa e da vizinhança. Eu gostava de olhar aquela confusão de borzeguins, chinelas e sapatos rasos. Mas, um dia, o sujeito, que era robusto e falava grosso, me interpelou:

— Já vai ao colégio? Estuda geografia? Qual é a capital do Espírito Santo?

Embatuquei, e o sapateiro tripudiou:

— Ignora?

O que eu esperava, o que eu ouvia dizer em tais ocasiões era: "Não sabe?" Aquele "ignora", que eu jamais ouvira, soou-me duro. Senti-me insultado, afastei-me do baú, nunca mais me aproximei do homem. E até hoje implico com esse inocente verbo "ignorar", sobretudo no singular do presente do indicativo.

(*Andorinha, andorinha*)

GOSMILHOS DA PENSÃO

EM *PRESENÇA NA POLÍTICA* assinalou Gilberto Amado que nas suas viagens, por onde quer que andasse, em Paris como em Washington, ninguém sabia responder à pergunta: "Que flor é esta?" E eu que pensava que esse desinteresse pelo nome das flores fosse próprio só de brasileiros? Não só pelo nome das flores. No meu discurso de posse na Academia escrevi: "O brasileiro nomeia a palmeira, a bananeira, a mangueira, e quase todas as outras espécies são para ele 'árvore' ou, como no Norte, 'pé de pau'. Já anotara Agassiz que para a maioria dos brasileiros todas as flores são 'flores', todos os animais, desde a mosca até o burro ou o elefante, 'bichos'."

Quando Anatole France esteve aqui e foi levado a um passeio nas Paineiras, fez questão de saber o nome de todas as florezinhas silvestres que pintalgavam a estrada. Ninguém sabia responder-lhe. Então, Tomás Lopes (da boca deste ouvi o fato), envergonhado de nossa ignorância, começou a inventar nomes. Esta florzinha vermelha era "sangue-de-vênus", aquela roxinha "pranto-de-viúva", e assim por diante. O francês comentou que nós brasileiros tínhamos imaginação muito poética, o que fez Tomás Lopes suspeitar (Tomás era inteligentíssimo) que France desconfiara da mistificação.

No meu poeminha "Pensão familiar"[1] falo do jardinzinho interno da Pensão Geoffroy, em Petrópolis, onde só havia pobres flores e arbustos mais comuns — dálias, marias-sem-

[1]O poema figura nesta seleta, à p. 226; "Gosmilhos" foi trocado depois pelo poeta em "boninas".

vergonha, trapoerabas, mas entre a tiririca sitiante sorria uma florzinha modesta e bonita, mais modesta que todas as outras. Quis nomeá-la no meu poema e perguntei o nome dela ao jardineiro da pensão. O homem respondeu sem hesitação: "Gosmilho". O nome caía-me bem ao verso e escrevi logo: "O sol acaba de crestar os gosmilhos que murcharam."

Pois agora fui chamado a contas por um professor norte-americano, que leu o meu poema, procurou "gosmilho" nos dicionários e não achou, escreveu de Nova York à nossa Livraria Briguiet sobre o caso e da livraria me interpelaram que diabo de flor era essa, que nenhum dicionário registra.

E agora, José? Este José que interrogo, aflito, é o meu querido, jamais assaz querido José Sampaio, velho morador de Petrópolis, a quem peço informar-se com os jardineiros locais se de fato existe por lá uma florzinha chamada "gosmilho".

(*Andorinha, andorinha*)

ANATOMIA DE UM POEMA

SOB O TÍTULO acima publicou o sr. Marino Falcão no *Diário do Povo,* de Campinas, uma exegese dos meus versos "Sacha e o poeta",[1] pedindo-me depois, em carta muito amável, que lhe dissesse se a sua interpretação coincidia com o meu pensamento.

Antes de responder, vou transcrever aqui o poema, e fá-lo-ei em composição corrida para poupança de espaço:

> Quando o poeta aparece, Sacha levanta os olhos claros, onde a surpresa é o sol que vai nascer. O poeta a seguir diz coisas incríveis, desce ao fogo central da Terra, sobe na ponta mais alta das nuvens, faz gurugutu, pif-paf, dança de velho, vira Exu. Sacha sorri como o primeiro arco-íris. O poeta estende os braços, Sacha vem com ele. A serenidade voltou de muito longe. Que se passou do outro lado? Sacha mediunizada — ah — pa — papapá — papá — transmite em morse ao poeta a última mensagem dos anjos.

Para Marino Falcão esse poema é o relato metafórico de uma sedução, Sacha uma jovem ingênua, inexperiente, deslumbrada "com os ademanes e manigâncias" do poeta, os quais "desencadeiam nela o processo do viciamento da vontade". E como Marino Falcão, sobre ser homem de letras, é promotor público na nobre cidade de Campinas, capitula a aventura como "crime definido em lei e previsto no art. 217 do

[1]O poema figura nesta seleta, à p. 175.

Código Penal". Bem entendido, se Sacha era menor de dezoito anos.

Marino Falcão acertou em parte. De fato, o poema é o relato de uma sedução. Só que a finalidade de todas as manigâncias do poeta era obter tão-somente um sorriso de Sacha. E como está contado nos versos, obteve-o. Obteve mais, coisa inefável, a última mensagem dos anjos, sob a forma de um vocalise muito semelhante às linhas e pontos do alfabeto morse.

Marino errou também no que concerne à idade de Sacha. Era menor de dezoito anos, sim, tinha, ao tempo da sedução, apenas uns seis meses de idade, só falava em alfabeto morse. Louríssima, alvíssima, seriíssima. Eu tinha que conquistar-lhe um sorriso, usei de todos os recursos referidos. E o sorriso veio. Como deve ter luzido sobre o mundo o primeiro arco-íris.

Vou mandar esta crônica a Sacha. Ela vive hoje em Estocolmo, casada com um rapagão sueco, mãe de duas suequinhas maravilhosas — Ann-Marie e Ingrid, três anos e um ano, portanto, ambas já mais idosas do que Sacha quando inspirou o poema tão interessantemente anatomizado por Marino Falcão. Não lhe doa a este o que há de errado na sua interpretação. Valéry não disse que não existe verdadeiro sentido de um texto? Não vale a autoridade do autor: "*Quoiqu'il ait voulu dire, il a écrit ce qu'il a écrit.*"[2]

(*Andorinha, andorinha*)

[2]"O que quer que tenha querido dizer, ele escreveu o que escreveu."

POÉTICA

O POETA E A POESIA

SOU NATURAL do Recife, mas na verdade nasci para a vida consciente em Petrópolis, pois de Petrópolis datam as minhas mais velhas reminiscências. Procurei fixá-las no poema "Infância":[1] uma corrida de ciclistas, um bambual debruçado no rio (imagino que era o fundo do Palácio de Cristal), o pátio do antigo Hotel Orleans, hoje Pálace Hotel... Devia ter eu então uns três anos. O que há de especial nessas reminiscências (e em outras dos anos seguintes, reminiscências do Rio e de São Paulo, até 1892, quando voltei a Pernambuco, onde fiquei até os dez anos) é que, não obstante serem tão vagas, encerram para mim um conteúdo inesgotável de emoção. A certa altura da vida vim a identificar essa emoção particular com outra — a de natureza artística. Desde esse momento, posso dizer que havia descoberto o segredo da poesia, o segredo do meu itinerário em poesia. Verifiquei ainda que o conteúdo emocional daquelas reminiscências da primeira meninice era o mesmo de certos raros momentos em minha vida de adulto: num e noutro caso alguma coisa que resiste à análise da inteligência e da memória consciente, e que me enche de sobressalto ou me força a uma atitude de apaixonada escuta.

O meu primeiro contato com a poesia sob a forma de versos terá sido provavelmente em contos de fadas em histórias da carochinha. No Recife, depois dos seis anos. Pelo

[1]Poema do livro *Belo belo*.

menos me lembro nitidamente do sobrosso que me causava a cantiga da menina enterrada viva no conto "A madrasta":

Capineiro de meu pai,
Não me cortes meus cabelos.
Minha mãe me penteou,
Minha madrasta me enterrou

Pelo figo da figueira
Que o passarinho bicou.
Xô, passarinho!

Era assim que me recitavam os versos. E esse "Xô, passarinho!" me cortava o coração, me dava vontade de chorar.

Aos versos dos contos da carochinha devo juntar os das cantigas de roda, algumas das quais sempre me encantaram, como "Roseira, dá-me uma rosa",[2] "O anel que tu me deste", "Bão, balalão, senhor capitão", "Mas para quê tanto sofrimento".[3] Falo destas porque as utilizei em poemas. E também as trovas populares, coplas de zarzuelas, *couplets* de operetas francesas, enfim versos de toda a sorte que me ensinava meu pai. Lembro-me de uns cujo autor até hoje ignoro. Ouviu-os meu pai de um sujeito que um dia, no alpendre de uma casinha do interior de Pernambuco, lhe veio pedir esmola. Meu pai, que gostava de brincar, disse-lhe: "Pois não! Mas você antes tem de me dizer uns versos." Ora, o nosso homem não se fez de rogado e saiu-se com esta décima lapidar, cujo primeiro verso, estropiado, mostra que a estrofe não era de sua autoria:

---

[2]Ver p. 233.
[3]Ver p. 258.

Tive uma choça, se ardeu-se.
Tinha um só dente, caiu.
Tive uma arara, morreu.
Um papagaio, fugiu.
Dois tostões tinha de meu:

Tentou-me o diabo, joguei-os.
E fiquei sem ter mais meios
De sustentar os meus brios.
Tinha uns chinelos... Vendi-os.
Tinha uns amores... Deixei-os.

Assim, na companhia paterna ia-me eu embebendo dessa idéia que a poesia está em tudo — tanto nos amores como nos chinelos, tanto nas coisas lógicas como nas disparatadas.

* * *

Procuro me lembrar de outras impressões poéticas da primeira infância e eis que me acodem os primeiros livros de imagens: *João Felpudo, Simplício olha pro ar, Viagem à roda do mundo numa casquinha de noz.* Sobretudo este último teve influência muito forte em mim; por ele adquiri a noção de haver uma realidade mais bela, diferente da realidade quotidiana, e a página do macaco tirando cocos para os meninos despertou o meu primeiro desejo de evasão. No fundo, já era Pasárgada[4] que se prenunciava.

* * *

[4]Ver p. 252.

O *Coração* era o livro de leitura adotado na minha classe. Para mim, porém, não era um livro de estudo. Era a porta de um mundo, não de evasão, como o da *Viagem à roda do mundo numa casquinha de noz*, mas de um sentimento misturado, com a intuição terrificante das tristezas e maldades da vida.

Dos seis aos dez anos, nesses quatro anos de residência no Recife, com pequenos veraneios nos arredores — Monteiro, Sertãozinho de Caxangá. Boa Viagem. Usina do Cabo — construiu-se a minha mitologia,[5] e digo mitologia porque os seus tipos, um Totônio Rodrigues, uma d. Aninha Viegas, a preta Tomásia, velha cozinheira da casa de meu avô Costa Ribeiro, têm para mim a mesma consistência heróica das personagens dos poemas homéricos. A Rua da União, com os quatro quarteirões adjacentes limitados pelas ruas da Aurora, do Sol, da Saudade e Princesa Isabel, foi a minha Tróada[6]; a casa de meu avô, a capital desse país fabuloso. Quando comparo esses quatro anos de minha meninice a quaisquer outros quatro anos de minha vida de adulto, fico espantado do vazio destes últimos em cotejo com a densidade daquela quadra distante.

* * *

Tomei consciência de que era um poeta menor;[7] que me estaria para sempre fechado o mundo das grandes abstrações generosas; que não havia em mim aquela espécie de cadinho onde, pelo calor do sentimento, as emoções morais se transmudam em emoções estéticas: o metal precioso eu teria que sacá-lo a

---

[5]Ver p. 232.

[6]Antiga cidade da Anatólia, parte da atual Turquia. (*N. da E.*)

[7]Ver p. 266-267.

duras penas, ou melhor, a duras esperas, do pobre minério das minhas pequenas dores e ainda menores alegrias.

* * *

"Vou-me embora pra Pasárgada"[8] foi o poema de mais longa gestação em toda a minha obra. Vi pela primeira vez esse nome de Pasárgada quando tinha os meus dezesseis anos e foi num autor grego. Estava certo de ter sido em Xenofonte, mas já vasculhei duas ou três vezes a *Ciropédia* e não encontrei a passagem. O douto frei Damião Berge informou-me que Estrabão e Arriano, autores que nunca li, falam na famosa cidade fundada por Ciro, o antigo, no local preciso em que vencera a Astíages. Ficava a sueste de Persépolis. Esse nome de Pasárgada, que significa "campo dos persas" ou "tesouro dos persas", suscitou na minha imaginação uma paisagem fabulosa, um país de delícias, como o de *L'invitation au voyage* de Baudelaire. Mais de vinte anos depois, quando eu morava só na minha casa da Rua do Curvelo, num momento de fundo desânimo, da mais aguda sensação de tudo o que eu não tinha feito na minha vida por motivo da doença, saltou-me de súbito do subconsciente esse grito estapafúrdio: "Vou-me embora pra Pasárgada!" Senti na redondilha a primeira célula de um poema, e tentei realizá-lo, mas fracassei. Já nesse tempo eu não forçava a mão. Abandonei a idéia. Alguns anos depois, em idênticas circunstâncias de desalento e tédio, me ocorreu o mesmo desabafo de evasão da "vida besta".[9] Desta vez o poema saiu sem esforço, como se já estivesse

[8]Ver p. 252.

[9]A expressão é de Mário de Andrade. A melhor definição é a de Carlos Drummond de Andrade, no poema "Cidadezinha Qualquer": "Casas entre bananeiras/Mulheres entre laranjeiras/pomar amor cantar./Um homem vai devagar./Um cachorro vai devagar./Um burro vai devagar./Devagar... as janelas olham./Êta vida besta, meu Deus." Essa pasmaceira caracteriza a "vida besta". E ela tanto pode decorrer da falta de sentido na vida, como da contrariedade imposta pelo viver cotidiano àquele que sonha viver com as verdadeiras belezas do mundo. (Ver p. 91, 92 e 93.)

pronto dentro de mim. Gosto desse poema porque vejo nele, em escorço[10], toda a minha vida; e também porque parece que nele soube transmitir a tantas outras pessoas a visão e promessa da minha adolescência — essa Pasárgada onde podemos viver pelo sonho o que a vida madrasta não nos quis dar. Não sou arquiteto, como meu pai desejava, não fiz nenhuma casa, mas reconstruí, e "não como forma imperfeita neste mundo de aparências, uma cidade ilustre, que hoje não é mais a Pasárgada de Ciro", e sim a "minha" Pasárgada.

* * *

"A última canção do beco"[11] é o melhor poema para exemplificar como em minha poesia quase tudo resulta de um jogo de intuições. Não faço poesia quando quero e sim quando ela, poesia, quer. E ela quer às vezes em horas impossíveis: no meio da noite, ou quando estou em cima da hora para ir dar uma aula na Faculdade de Filosofia ou sair para um jantar de cerimônia... "A última canção do beco" nasceu num momento destes, só que o jantar não era de cerimônia. Na véspera de me mudar da Rua Morais e Vale, às seis e tanto da tarde, tinha eu acabado de arrumar os meus troços e caíra exausto na cama. Exausto da arrumação e um pouco também da emoção de deixar aquele ambiente, onde vivera nove anos. De repente a emoção se ritmou em redondilhas, escrevi a primeira estrofe, mas era hora de vestir-me para sair, vesti-me com os versos surdindo na cabeça, desci à rua, no Beco das Carmelitas me lembrei de Raul de Leoni, e os versos vindo sempre, e eu com medo de esquecê-los, tomei um bonde, saquei do bolso

[10]Em resumo. (*N. da E.*)
[11]Ver p. 255.

um pedaço de papel e um lápis, fui tomando as minhas notas numa estenografia improvisada, senão quando lá se quebrou a ponta do lápis, os versos não paravam... Chegando ao meu destino, pedi um lápis e escrevi o que ainda guardava de cor... De volta a casa, bati os versos na máquina e fiquei espantadíssimo ao verificar que o poema se compusera, à minha revelia, *em sete estrofes de sete versos de sete sílabas.*

(*Itinerário de Pasárgada*)

POESIA E VERSO

UM DIA, ao começar a escrever um livro didático sobre literatura, tive que dar uma definição da poesia e embatuquei. Eu, que desde os dez anos de idade faço versos; eu, que tantas vezes sentira a poesia passar em mim como uma corrente elétrica e afluir aos meus olhos sob a forma de misteriosas lágrimas de alegria: não soube no momento forjar já não digo uma definição racional dessas que, segundo a regra da lógica, devem convir a todo o definido e só ao definido, mas uma definição puramente empírica, artística, literária. No aperto me socorri de Schiller, em quem o crítico era tão grande quanto o poeta, e disse com ele: "Poesia é a força que atua de maneira divina e inapreendida, além e acima da consciência."

Sabeis o que é atuar de maneira divina? Confesso lisamente que não sei. Mas conheço da poesia, por experiência própria, essa maneira inapreendida de ação: nunca pude explicar, em muitos casos, a emoção que me assaltava ao ouvir ou ao ler certos versos, certas combinações de palavras. A propósito, vou contar-vos uma anedota. Havia na avenida Marechal Floriano um hotel que se chamava hotel Península Fernandes. Toda vez que eu passava por ali e via na tabuleta aquele nome hotel Península Fernandes, sentia não sei que pequenino alvoroço — alvoroço em suma de qualidade poética. E ficava intrigadíssimo. Por que aquele hotel se chamava Península Fernandes? Uma tarde meu primo Antônio Bandeira, igualmente invocado pelo estranho nome, não se conteve, subiu as escadas e foi falar ao proprietário, que era um português terra-a-terra e sem nenhuma fumaça de literatura.

— O senhor me desculpe a curiosidade, mas por que é que o seu hotel se chama Península Fernandes?

— Muito simples — respondeu o homem. — F'rnandes porque é o meu nome, e P'nínsula porque é bonito!

O nome estava realmente explicado, mas a emoção poética não: atuava de maneira inapreendida.

É assim que muitos fatos de rua atuam sobre a nossa sensibilidade. Dois automóveis colidem, ou uma senhora desmaia, ou um homem é assassinado, ou uma estrangeira em trânsito para Buenos Aires desembarca na Praça Mauá em trajes pouco mais que menores: forma-se logo um ajuntamento e os que vão chegando e aderindo ao grupo e os que olham de longe não sabem ainda o que se passou. Paira no ar um certo tumulto emocional, criando uma como que atmosfera de poesia. Pois bem, o poeta suscita a mesma coisa, só que mediante apenas uma colisão de palavras.

Quando Schiller disse que a poesia é uma força que atua além e acima da consciência, parece que queria referir-se àquele mundo do subconsciente que todos trazemos dentro de nós. A poesia seria então a ponte entre o subconsciente do poeta e o subconsciente do leitor. Se adotei no meu livro a definição de Schiller, foi porque ela esclarece, a meu ver, a poesia menos acessível, a que não ocorre no foco da consciência. Mas é evidente que a poesia pode nascer também em pleno foco da consciência, e portanto atuar de maneira claramente apreensível. Em meu poema "Palinódia"[1] a estrofe central é perfeitamente inteligível. Mas eu mesmo não saberia explicar as estrofes inicial e final. Elas pertencem a um poema que fiz durante um sonho. Ao despertar tentei recompô-lo e não me foi possível fazê-lo senão parcialmente. A estrofe

[1]Poema do livro *Libertinagem*.

inteligível resultou de um trabalho mental em pleno foco da consciência; as outras duas foram elaboradas de maneira inapreendida na franja da consciência. Tenho a minha interpretação delas, mas não vo-la comunicarei: é segredo profissional.

Nas mesmas condições de "Palinódia" está o meu soneto "O lutador",[2] também elaborado em sonho.

Nele a intervenção posterior em estado de vigília foi mínima. O soneto, com título e tudo, é fielmente o do sonho. Tive de o interpretar como se eu fosse um estranho a mim mesmo, como qualquer um de vós o poderia interpretar segundo as sugestões do seu subconsciente estimulado. Para mim — mensagem do meu subconsciente à minha consciência, mensagem muito vagamente apreendida por esta e de novo refrangida para o seu mundo original.

Assentado que a poesia pode atuar dentro ou fora, acima ou abaixo da consciência, comecei a registrar todas as definições de poesia que fui encontrando ao acaso de minhas leituras. Organizei assim uma pequena antologia do assunto. São numerosíssimas e o poeta Carlos Drummond de Andrade depois de mim ainda assinalou numa crônica uma porção delas que eu não conhecia. Mas é possível reduzi-las a uma meia dúzia de tipos, que lhes facilitam o exame. Se não, vejamos:

Certos autores definem a poesia como ficção: "Poeta", escreveu Jonson, grande dramaturgo inglês, contemporâneo de Shakespeare e um dos homens mais cultos do seu tempo, "é, não aquele que escreve com métrica, mas o que finge e forma uma fábula, pois fábula e ficção são, por assim dizer, a forma e a alma de toda obra poética ou poema". É o mesmo

[2]Poema do livro *Belo belo*.

conceito de dois outros grandíssimos poetas ingleses seiscentistas: Donne, que disse "a poesia é como uma simili-Criação e faz coisas que não existem, como se existissem", e Dryden, para quem "a ficção é a essência da poesia".

Pergunto eu agora: não haverá poesia quando realizo em palavras uma transposição da realidade, sem inventar nada, sem "fingir" nada? Como neste poema:[3]

> O arranha-céu sobe no ar puro que foi lavado pela
> [chuva
> E desce refletido na poça de lama do pátio.
> Entre a realidade e a imagem, no chão seco que
> [as separa,
> Quatro pombas passeiam.

Poema que é uma simples reprodução por imitação, para empregar as velhas palavras de Aristóteles.

Já Dante acrescenta ao elemento ficção um novo elemento — a música, e diz: "Poesia é ficção retórica posta em 'música'." O elemento música vai aparecer em numerosas outras definições. "À poesia", escreveu Carlyle, "chamaremos pensamento musical". E Ruskin, moralista, ensina que ela é "a apresentação, em forma musical, à imaginação, de nobres fundamentos às nobres emoções".

Não se pode negar que a música seja um elemento da velha poesia, da poesia ao tempo em que ela foi assim definida. Hoje sabemos que pode haver poesia sem música, e poesia da melhor. Sem música, bem entendido, no sentido de não procurar o poeta fazer o verso cantar no poema.

---

[3]"A realidade e a imagem", do livro *Belo belo*.

Outro poeta, e que poeta! o grande romântico Coleridge, definiu o poema "aquela espécie de composição que se opõe às obras de ciência por visar como objeto imediato o prazer e não a verdade". O objeto imediato, porque em profundidade ele é "a identidade de todos os outros conhecimentos, a flor e o perfume de todo o humano conhecimento".

E aqui entramos no conceito de poesia-conhecimento. Muitos são os que o afirmam. Para Lautréamont, ela anuncia as relações existentes entre os primeiros princípios e as verdades secundárias da vida. Novalis já dissera que "a poesia é o real absoluto". E o moderno Maritain precisa: "Poesia é o conhecimento, incomparavelmente: conhecimento-experiência, conhecimento emoção, conhecimento existencial. Ela é o fruto do contato do espírito com a realidade em si mesma inefável e com a sua fonte, que acreditamos ser Deus."

O epíteto "inefável" leva-nos a um grupo de definições, onde culmina o conceito na definição de Edwin Arlington Robinson, grande poeta norte-americano: "Poesia é a linguagem que nos diz, em virtude duma reação mais ou menos emocional, alguma coisa que não pode ser dita."

Devo esclarecer que todas essas definições e muitas outras que coligi, aparecem em contexto onde se procura apreender a essência do fenômeno poético: não foram apresentadas isoladamente como definição no sentido lógico da palavra, e de isolá-las como fiz, resulta uma certa mutilação do pensamento de seus autores. Nada obstante, cada uma contém uma parcela de verdade, ilumina um ângulo do problema, que é talvez insolúvel. Todas me parecem falar em termos de poesia, com o seu vago, o seu mistério. Nenhuma se refere ao que é a matéria-prima da poesia na arte literária — as palavras, e tanto se podem aplicar à arte literária como à música e às artes plásticas. Paul Valéry menciona-as numa definição que é um pequenino poema: "Poesia é a tentativa de representar ou de restituir por meio da linguagem articulada aquelas coisas ou aquela coisa que os gestos, as lágrimas, as carícias, os beijos, os suspiros procuram obscuramente exprimir." E André Gide foi desenterrar de um prefácio esquecido de Banville esta definição, que espanta tenha saído da cabeça de um daqueles mestres que Thibaudet chamou os Tetrarcas do Parnaso: "Poesia... essa magia que consiste em despertar sensações por meio de uma combinação de sons... esse sortilégio graças ao qual idéias nos são necessariamente comunicadas, de uma maneira certa, por meio de palavras que todavia não as exprimem."

Comentando largamente a definição de Banville, começa Gide pelos vocábulos "magia" e "sortilégio" (*sorcellerie*):

> Valéry, de maneira voluntariamente ambígua, dirá *charme*... O verdadeiro poeta é um mago. Não se trata tanto para ele de ser comovido, mas de induzir o leitor a comover-se: "por meio de uma combinação de sons", que são palavras. Que a significação dessas palavras importa, não será preciso dizer; não, porém, independentemente da sonoridade delas. O verso delicioso de Racine, tão freqüentemente citado como exemplo de encantação harmoniosa: *Vous mourûtes au bord où vous fûtes laissée.*[4] Mudai as palavras, dizei: *Vous êtes morte sur le rivage où Théseé vous avait abandonnée.*[5] O significado continua o mesmo, mas o "encanto" desaparece.

Mallarmé tinha razão: "Não é com idéias que se fazem versos: é com palavras." Não que o sentido delas não importe.

[4]"Vós morrestes à margem onde fostes deixada."
[5]"Você morreu sobre a costa onde Teseu a tinha deixado."

Importa, mas não como advertiu Gide, independentemente da sonoridade delas. Naturalmente o sentimento está subentendido, é ele que faz achar as combinações de palavras suscitadoras da emoção poética.

A grande dificuldade, porém, está em que uns se comovem diante de certos versos e outros não. Há pessoas que acham intensa poesia nos versos de Murilo Mendes; outras não a acham nenhuma, encontram-na é nos sonetos de Emílio de Meneses, nos quais os admiradores de Murilo não vêem sequer a sombra dela. E há as que não suportam nem um nem outro: gostam é da suave música de Olegário Mariano. Afinal em poesia tudo é relativo: a poesia não existe em si: será uma relação entre o mundo interior do poeta, com a sua sensibilidade, a sua cultura, as suas vivências, e o mundo interior daquele que o lê.

Se passamos da definição de poesia para a definição do verso, as dificuldades diminuem, mas não desaparecem. Abri um tratado de versificação qualquer, o de Bilac e Guimarães Passos, por exemplo, e ali vereis definido o verso como "o ajuntamento de palavras, ou ainda uma só palavra, com pausas obrigadas e determinado número de sílabas, que redundam em música". Em nota traduzem os dois autores o francês Quitard:

> A etimologia latina das palavras "prosa" e "verso" claramente indica a diferença essencial da sua significação: "Prosa" vem do adjetivo latino *prosa* (subentendendo-se o substantivo *oratio*, discurso, oração) — *oratio prosa*, discurso contínuo, seguido, e respeitando a ordem gramatical direta; "Verso" é derivado de *versus*, do verbo *vertere*, tornar ou voltar —, porque, uma vez esgotado um certo número de sílabas, a oração se interrompe e volta de novo ao ponto de partida, a fim de começar outra evolução silábica.

A definição de Bilac e Guimarães Passos, que é mais ou menos a de todos os outros tratadistas, podia servir para a nossa língua e mais algumas outras mas só até o advento do verso livre. Que definição se pode dar do verso, de modo que ela se aplique a qualquer idioma, vivo ou morto, e em qualquer tempo? Pedro Henríquez-Ureña, o grande mestre dominicano, há pouco falecido, tentou, a meu ver com êxito, essa definição mínima. Poesia, poesia no sentido formal, ensinou ele, é linguagem dividida em unidades rítmicas; prosa é linguagem continuada. Sem dúvida, na linguagem continuada da prosa há parágrafos. Mas o corte da prosa em parágrafos atende tão-somente à necessidade de ordenação das idéias. O verso é a unidade rítmica do poema. Ritmo, em sua fórmula elementar, é repetição. O verso, em sua essência, é unidade rítmica porque se repete e forma séries. Para formar séries podem as unidades ser semelhantes ou dessemelhantes. Podem ser unidades flutuantes. Mas é necessário que cada verso seja uma como que entidade, ou como disse Valéry "uma palavra total, vasta, nativa, perfeita, nova e estranha à língua".

O que diferencia os diversos tipos de versificação através de todos os idiomas e de todos os tempos são os expedientes de que se valeram os poetas para pôr em maior evidência o ritmo. Expedientes como: valores de sílabas (quantidade), acentos de intensidade bem marcados, regulação dos tons ou diferenças de altura musical entre as sílabas, número fixo de sílabas, rima, aliteração, encadeamento, paralelismo, acróstico. Na versificação portuguesa os apoios rítmicos de que temos exemplos são o número fixo de sílabas, a cesura, a rima, a aliteração, o encadeamento, o paralelismo e o acróstico. Talvez muitos de meus leitores não estejam a par do significado de todas essas palavras. Do encadeamento, do paralelismo, por exemplo. O encadeamento consiste em repetir de verso a verso, ou de estrofe a estrofe, fonemas, palavras e frases. Foi, com o paralelismo, muito usado na poesia hebraica, e dele se serve quase infalivelmente em seus poemas o nosso algo bíblico Augusto Frederico Schmidt:

> Porque chorar se o céu está róseo,
> Se as flores estão nas trepadeiras balançando, ao
> [sopro leve do vento.
> Porque chorar se há felicidade nos caminhos,
> Se há sinos batendo nas aldeias de Portugal?

Nesse poema do *Canto da noite,* o poeta só abandona a interrogação "porque chorar" para passar à locução encadeadora "feliz como":

> Porque chorar — meu Deus, se estou feliz e pobre,
> Feliz como os pobres desconhecidos dos hospitais,
> Feliz como os cegos para quem a luz é mais bela
> [do que a luz,
> Feliz como... etc.

O paralelismo é a repetição ideológica. Encadeamento e paralelismo tiveram a sua fase de ouro em língua portuguesa no tempo dos cancioneiros. O que chamaram "cossante" era uma cantiga paralelística e encadeada. Assim esta "barcarola" de Martim Codax:

> Ondas do mar de Vigo,
> Se vistes meu amigo!
> E ai, Deus, se verrá cedo!

Ondas do mar levado,
Se vistes meu amado!
E ai, Deus, se verrá cedo!

Se vistes meu amigo,
O por que eu suspiro!
E ai, Deus, se verrá cedo!

Se vistes meu amado,
O por que ei gran cuidado!
E ai, Deus, se verrá cedo!

Essa cantiga é paralelística porque as estrofes pares repetem a idéia das estrofes ímpares com ligeiras alterações de palavras para variar o timbre da vogal tônica das rimas (*i* e *a*); é encadeada, porque o segundo verso de cada estrofe ímpar se repete como primeiro verso da estrofe ímpar seguinte.

Já a rima é apoio rítmico muito conhecido, mas só como igualdade de sons no fim das palavras a partir da vogal tônica — a chamada rima consoante. Muita gente ainda não sabe das rimas toantes, isto é, aquelas em que só são iguais as vogais a partir da tônica, como em "asa" e "cada", "velho" e "quero". Raros sabem que no latim eclesiástico, na poesia inglesa e na alemã basta, para haver rima, a repetição da última sílaba átona e até da última vogal átona. Lembrai-vos do *Veni, Sancte Spiritus*:

Veni, Sancte Spiritus,
Et emitte coelitus
Lucis tuae radium.[6]

[6]"Vem, Espírito Santo,/E envia do Céu/O raio da tua luz."

Lembrai-vos de Shakespeare, que no soneto prefaciador de *Romeu e Julieta* rima *"dignity"* com *"mutiny"*; de Milton que no soneto "On Shakespeare" escreveu:

Thou in our wonder and astonishment
Has built thyself a livelong monument,[7]

rimando "*astonishment*" com "*monument*". Lembrai-vos de Heine, que rima "*Ich liebe dich*" com "*bitterlich*":

Doch wenn du sprichst: "Ich liebe dich!"
So muss ich weinen bitterlich.[8]

Finalmente pouca gente já terá refletido que a aliteração é, no fim de contas, uma rima ao contrário, ou seja, uma rima dos começos das palavras. Sei bem que não houve intenção, pelo menos consciente, da parte de Gonçalves Dias em rimar por aliteração na segunda e terceira estrofes da "Canção do exílio", mas a verdade é que essas rimas ao contrário dão à pequena obra-prima não sei que inefável musicalidade:

Não permita Deus que eu morra
Sem que volte para lá;
Sem que desfrute os primores
Que não desfruto por cá;
Sem que inda aviste as palmeiras,
Onde canta o sabiá.

[7] "Tu de nosso pasmo e assombramento/Tu mesmo construíste todo um monumento."
[8] "Mas se você fala: 'Eu gosto de você!'/Aí eu tenho de chorar amargamente." (Trad. de Paulo Rónai.)

O número fixo de sílabas, com pausas obrigadas, é sem dúvida o mais imperioso metrônomo do ritmo. Todavia não é preciso ficar-se no mesmo metro para manter o mesmo ritmo. No poema de Gonçalves Dias intitulado "Minha vida e meus amores" ocorre uma mudança de metro muito interessante. O poeta vinha versejando em decassílabos acentuados na sexta sílaba ou na quarta e oitava:

> Outra vez que lá fui, que a vi, que a medo
> Terna voz lhe escutei: — Sonhei contigo! —
> Inefável prazer banhou meu peito,
> Senti delícias; mas a sós comigo
> Pensei — talvez! — e já não pude crê-lo.

De súbito, nos versos 67 e 68, faz cair as pausas na quarta e sétimas sílabas, aproximando o ritmo decassilábico do ritmo do verso de onze sílabas, que vai aparecer nos versos 70 e 71:

> Mas se você fala: "Eu gosto de você!"
> Aí eu tenho de chorar amargamente.
> Ela tão meiga e tão cheia de encanto,
> Ela tão nova, tão pura e tão bela...
>   Amar-me! — Eu que sou?
> Meus olhos enxergam, enquanto duvida
> Minh'alma sem crença, de força exaurida,
>   Já farta da vida,
>   Que amor não doirou.

O movimento rítmico de um verso pode sofrer a influência do verso anterior ou do seguinte. É sabido que na poesia espanhola e na portuguesa antiga a vogal inicial de um verso podia embeber-se no verso precedente. Gonçalves Dias, tão lido numa e noutra, também versejou assim. O que admira é que até Alberto de Oliveira, mestre de uma escola de rigorosa métrica, haja procedido da mesma maneira, talvez inadvertidamente, quando em "O exame de Hercília" escreveu:

Subiu ao Atlas de um salto
E ao Kilimandjaro; logo
    De tão alto,
Ao Barh-al-Abiah de água clara
Baixou e ao saibro de fogo
    Do Sahara.

O quarto verso ("Ao Barh-al-Abiah de água clara") tem oito sílabas, mas a primeira ("ao") se embebe na última sílaba do verso anterior, de sorte que no contexto da estrofe se mantém o ritmo do heptassílabo.

Há casos até em que é forçoso quebrar o verso para manter o ritmo. Como fez Casimiro de Abreu na célebre "Valsa". O poema está distribuído em versos de duas sílabas:

Tu, ontem
Na dança
Que cansa,
Voavas
Co'as faces
Em rosas
Formosas
De vivo,
Lascivo
Carmim

Mas na última estrofe pôs o poeta a palavra "pálida" no fim de dois versos:

Na valsa
Cansaste;
Ficaste
Prostrada,
Turbada!
Pensavas,
Cismavas,
E estavas
Tão pálida
Então;

Qual pálida
Rosa
Mimosa,
No vale
Do vento
Cruento
Batida,
Caída
Sem vida
No chão!

O vocábulo proparoxítono obrigava o poeta a abrir o verso seguinte por uma palavra começando por vogal ou a quebrar o metro de duas sílabas para uma. Casimiro valeu-se de um e outro recurso, um da primeira vez, o outro da segunda. Se ele não tivesse atendido à inter-relação dos versos e em lugar de "então" dissesse "no instante" e em vez de "rosa" escrevesse "camélia", o ritmo seria sacrificado:

Pensavas,
Cismavas,
E estavas
Tão pálida
No instante;
Qual pálida
Camélia
Mimosa...

Foi em observação a esse jogo de ressonâncias de um verso em outro que eu no poema "Boi morto", escrito em octossílabos, quebrei a medida no terceiro verso da última estrofe.

Disse atrás que o encadeamento é o principal apoio rítmico de que se serve Augusto Frederico Schmidt nos seus poemas. Adalgisa Nery, que também emprega, ainda que menos assiduamente que Schmidt, o encadeamento, começou a usar da rima em versos não-metrificados, a partir, creio que do seu livro *Ar do deserto*, que é de 1943:

À medida que o vazio no meu corpo ecoa,
Cresce no meu espírito o sentido das vidas
[acontecidas,
alançando nos meus ouvidos o pensamento que
[apregoa
Os soluços e a solidão das almas inutilmente
[pertencidas.

Mas verso livre cem por cento é aquele que não se socorre de nenhum sinal exterior senão a da volta ao ponto de partida à esquerda da folha do papel: *verso* derivado de *vertere*, voltar. À primeira vista, parece mais fácil de fazer do que o verso metrificado. Mas é engano. Basta dizer que no verso livre o poeta tem de criar o seu ritmo sem auxílio de fora. É como o sujeito que solto no recesso da floresta deva achar o seu caminho e sem bússola, sem vozes que de longe o orientem, sem os grãozinhos de feijão da história de João e Maria. Sem dúvida não custa nada escrever um trecho de prosa e depois distribuí-lo em linhas irregulares, obedecendo tão-somente às pausas do pensamento. Mas isso nunca foi verso livre. Se fosse, qualquer pessoa poderia pôr em verso até o último relatório do ministro da Fazenda. Essa enganosa facilidade é causa da superpopulação de poetas que infestam agora as nossas letras. O modernismo teve isso de catastrófico: trazendo para a nossa língua o verso livre, deu a todo o mundo a ilusão de que uma série de linhas desiguais é poema. Resultado: hoje qualquer subescriturário de autarquia em crise de dor-de-cotovelo, qualquer brotinho desiludido do namorado, qualquer balzaquiana desajustada no seu ambiente familiar se julgam habilitados a concorrer com Joaquim Cardoso ou Cecília Meireles.

Por isso era sempre com delícia que eu lia as críticas de Elói Pontes em *O Globo* e é sempre com prazer que leio as de Berilo Neves no *Jornal do Commercio*, críticos sem contemplação para com a poesia que não se exprime em versos medidos e rimados. O que me entristece é ver que eles nunca tenham tido influência bastante para pôr um paradeiro nesse "babaréu de medíocres", como costumava dizer o primeiro no seu curioso estilo.

Por isso tenho às vezes uma grande tentação de esquecer tudo o que aprendi com mestre Ureña e dizer e jurar para toda a gente que "verso é o ajuntamento de palavras, ou ainda uma só palavra, com pausas obrigadas e determinado número de sílabas", como ensinavam Bilac e Guimarães Passos. Isto é, talvez substituísse a palavra "ajuntamento", que me soa vagamente a coisa ilícita, e acrescentasse a obrigação da rima e do duplo acróstico! Concordais?

(*De poetas e de poesia*)

A POESIA ESTÁ NAS PALAVRAS

MAS AO MESMO tempo compreendi, ainda antes de conhecer a lição de Mallarmé, que em literatura a poesia está nas palavras, se faz com palavras e não com idéias e sentimentos muito embora, bem entendido, seja pela força do sentimento ou pela tensão do espírito que acodem ao poeta as combinações de palavras onde há carga de poesia. Coisa que descobri nos lapsos de memória ou no exame de variantes. Quantas vezes, querendo relembrar uma estrofe de poema, uma trova popular, e não conseguindo reconstituí-las fielmente, fazia da melhor maneira o *remplissage*;[1] depois, cotejando as duas versões — a minha e o original, verificava qual delas era melhor, pesquisava o segredo da superioridade e, descoberto, passava a utilizá-lo nos meus versos. Quantas vezes também vi, em poetas de gosto certeiro nas emendas, um verso defeituoso ou inexpressivo carregar-se de poesia pelo efeito encantatório de uma ou de algumas palavras, exprimindo no entanto o mesmo sentimento ou a mesma idéia que as substituídas. Compare-se, por exemplo, o poema "Mocidade e morte", de Castro Alves, como apareceu em *Espumas flutuantes,* com a primeira versão, de 1864, e publicada em São Paulo por volta de 1868-69 sob o título de "O tísico". Na oitava inicial havia o verso "No seio da morena há tanta amora!". Na versão definitiva "amora" foi substituída por "aroma". Naturalmente o

[1]Enchimento do verso: completava o verso por conta própria.

poeta ponderou que as amoras do peito das morenas não são tantas, duas apenas, e mais tarde corrigiu o verso para "No seio da mulher há tanto aroma!". A superioridade é óbvia.

(*Itinerário de Pasárgada*)

A POESIA REPONTA ONDE MENOS SE ESPERA

TODOS OS DIAS a poesia reponta onde menos se espera: numa notícia policial dos jornais, numa tabuleta de fábrica, num nome de hotel da Rua Marechal Floriano, nos anúncios da Casa Matias... Poesia de todas as escolas. Parnasiana: "Fábrica Nacional de Artigos Japoneses" (não sei se ainda existe, era na Praça da República). *Surréaliste:* "Hotel Península Fernandes" (ao meu primo Antoninho Bandeira, que perguntou ao proprietário português: "Porque *Península Fernandes?"*, respondeu o homem: *"F'rnandes* porque é o meu nome, e *P'nínsula* porque é bonito!") Por aí assim, românticos, simbolistas, futuristas, unanimistas, integralistas...

Faltava à minha coleção algum haicai. Acabo de achar vários agora, e estupendos, onde menos esperava: num livro de fórmulas de toalete para mulheres.

Alguns exemplos:

Água de rosas
Glicerina
Bórax
Álcool

Que brilho verbal, que surpresa para o ouvido na sonoridade seca da palavra *álcool* depois da musicalidade um pouco solta dos dois primeiros versos e desfazendo num como acorde suspensivo a cadência perfeita do verso *bórax!*

Tintura de benjoim
Borato de sódio
Tintura de quilaia
Água de rosas

Água-de-colônia
Água de flores de laranjeira
Borato de sódio
Mentol

Óleo de rícino
Óleo de amêndoas doces
Álcool de 90°
Essência de rosas

Dirão que o haicai tem só três versos. Pois aqui vai um:

Pó de arroz
Talco
Subnitrato de bismuto

Outro:

Água de rosas
Ácido bórico
Essência de mel da Inglaterra

Há mesmo um que constitui um verdadeiro "epigrama irônico e sentimental". Se não, vejam:

Leite de amêndoas
Bicloreto de mercúrio

O livro de Marie d'Osny encerra, nestas e outras receitas, uma lição e um exemplo de poesia.

(*Crônicas da província do Brasil*)

RIMA

MUITO HAVERIA que dizer das rimas de Gonçalves Dias. Não as procurava raras e ricas, ainda que às vezes as fazia com a consoante de apoio, sem intenção provavelmente: "coração", "afeição"; "evita" "avita", etc. A sua habitual discrição levava-o a contentar-se com acordes menos vistosos, a aceitar as rimas naturalmente ligadas ao assunto. O seu trato da poesia castelhana comunicou-lhe o amor das toantes, por ele largamente empregadas: "caro", "alvo"; "esmalta", "prata"; "topa", "provoca", etc. No poema "A tempestade", dos *Últimos cantos,* as toantes resultam num belo efeito sugeridor dos prenúncios, ainda incertos e vagos, da tempestade que se aproxima:

Um raio
Fulgura
No espaço
Esparso,
De luz;
E trêmulo
E puro
Se aviva,
S'esquiva,
Rutila,
Seduz!

Outra espécie ainda mais sutil de rima — a dos fonemas iniciais — foi muito usada por Gonçalves Dias, ou melhor, aparecem espontaneamente na contextura das estrofes e por elas se explica muitas vezes, em parte, o segredo da musicalidade que nos enleia em certos poemas. Na "Canção do exílio", por exemplo.

Às vezes o efeito musical resulta de harmonias ainda mais sutis, que no fundo ainda são rimas: assim "grata" e "nota"; "aurora" e "primavera"; "tarde" e "perde", etc. O último exemplo é da poesia "Como! És tu?", que está cheia dessas delicadezas verbais.

(*Gonçalves Dias*)

O VERSO LIVRE

DESDE QUE o poeta prescinde do apoio rítmico fornecido pelo número fixo de sílabas, penetra no domínio do verso livre, o qual, em sua extrema liberação, isto é, quando não se socorre de nenhum apoio rítmico, poderia confundir-se com a prosa rítmica, se não houvesse nele a unidade formal interior, aquilo que de certo modo o isola no contexto poético. ("A versificação em língua portuguesa" — *Enciclopédia Delta Larousse*)

O poema "Carinho triste"[1] foi a minha primeira tentativa de verso livre. Ainda não eram versos livres, como não o eram tampouco os do poema de Guy-Charles Cros. Mas durante muito tempo continuei nessa prática de aproximação, que foi a de muitos poetas (tinha sido a de Laforgue em alguns poemas, "L'Hiver qui Vient", por exemplo).

O verso verdadeiramente livre foi para mim uma conquista difícil. O hábito do ritmo metrificado, da construção redonda foi-se-me corrigindo lentamente à força de que estranhos dessensibilizantes: traduções em prosa (as de Poe por Mallarmé), poemas *désavoués*[2] pelos seus autores, como o famoso que Léon Deubel escreveu na Place du Carroussel às três horas de uma madrugada de 1900 (*Seigneur! je suis sans pain, sans rêve et sans demeure.*),[3] *menus,* receitas de cozinha, fórmulas de preparados para pele, como esta:

---

[1]Ver p. 217.

[2]renegados.

[3]"Senhor, não tenho pão, nem sonho, nem morada!

Óleo de rícino
Óleo de amêndoas doces
Álcool de 90°
Essência de rosas.

Versos como os do meu "Debussy",[4] "Sonho de uma terça-feira gorda",[5] "Balada de santa Maria Egipcíaca",[6] "Na solidão das noites úmidas",[7] "Bélgica",[8] "A vigília de Hero",[9] "Madrigal melancólico",[10] "Quando perderes o gosto humilde da tristeza",[11] ainda acusam o sentimento da medida. Ora, no verso livre autêntico o metro deve estar de tal modo esquecido que o alexandrino mais ortodoxo funcione dentro dele sem virtude de verso medido. Como em "Mulheres"[12] o alexandrino "O meu amor porém não tem bondade alguma". Só em 1921, com "A estrada",[13] "Meninos carvoeiros",[14] "Noturno da Mosela",[15] etc. fui conseguindo libertar-me da força do hábito. Mas não sei se não ficou sempre uma como saudade a repontar aqui e ali... Não me lembro de problemas dentro da metrificação, que eu não tivesse resolvido prontamente. No entanto os primeiros versos do poema "Gesso",[16] que é em versos livres, me deu água pela barba durante anos. Originalmente me saíram assim:

Aquela estatuazinha de gesso, quando ma deram,
[era nova.
E o gesso muito branco e as linhas muito puras
Mal sugeriam imagem de vida.

[4]Ver p. 185.
[5]Poema do livro *Carnaval*.
[6]Ver p. 215.
[7-8-9-10-13-15-16]Poemas do livro *O ritmo dissoluto*.
[11]Ver p. 238.
[12]Ver p. 218.
[14]Ver p. 227.

Não era possível manter aquele "ma deram", tão avesso ao gênio da fala brasileira. Além disso, o verso soava pesado e desgracioso. Havia que emendar, mas conservando a estatuazinha de gesso como cabeça de estrofe. Só em 1940 ("Gesso" é anterior a 1924, talvez de 22 ou 23), ao rever as provas da edição de *Poesias completas,* acertei com a solução:

> Esta estatuazinha de gesso, quando nova
> — O gesso muito branco, as linhas muito puras —
> Mal sugeria imagem de vida.

Um número fixo de sílabas com as suas pausas cria um certo movimento rítmico, mas não é forçoso ficar no mesmo metro para manter o ritmo. Quando atentei nisso, senti-me verdadeiramente liberto da tirania métrica.

(*Itinerário de Pasárgada*)

POETAS BISSEXTOS

NÃO PROCUREM a expressão nos dicionários, porque não a encontram. Pelo dicionário, bissexto só há ano, e é o que tem um dia a mais, o que ocorre de quatro em quatro anos. Poeta bissexto deve, pois, chamar-se aquele em cuja vida o poema acontece como o dia 29 de fevereiro no ano civil. Esquematização grosseira. Em suma, bissexto é todo poeta que só entra em estado de graça de raro em raro.

Falando da poesia brasileira contemporânea no número de setembro de 1942 da revista argentina *Sur*, escreveu Vinicius de Moraes, a propósito dos bissextos:

"... poetas que nós, seus íntimos, chamamos cordialmente de bissextos — poetas sem livros de versos — bissextos pela escassez de sua produção, cuja excelência sem embargo os coloca ao lado dos mais citados." Poetas sem livros de versos, bissextos pela escassez de sua produção: essa é a boa doutrina. E a exemplificação de Vinicius foi excelente. Vou transcrevê-la, porque ela esclarecerá imediatamente o leitor sobre a questão: "Bissexto é um Pedro Dantas,[1] cujo poema 'A cachorra' passou a ser uma obra-prima da literatura brasileira. O mesmo se pode dizer de 'O defunto', de Pedro Nava, uma das peças mais belas e mais sinistras da nossa poesia. Bissexto é um Anibal Machado, escritor esporádico, em quem o verso é uma espécie de estado de graça que assoma entre largos períodos de sombra; um Dante Milano, notável pela unidade de sua forma poética, de grande pureza; um Joaquim

[1]Pseudônimo de Prudente de Moraes, neto.

Cardoso, cuja produção se recusa à intimidade dos que lhe são mais chegados, tão íntima quer ser; um José Auto, poeta que, se tem dez poemas, terá muito, mas em quem a poesia é uma fatalidade de condição. Bons poetas que futuramente figurarão, estou certo, ao lado da melhor poesia brasileira." De acordo, e divirjo apenas quanto à inclusão de Dante Milano. Milano escreve muito. Só que não publica os seus poemas, porque é "durinho", como lhe chama o Ovalle. Mas eu nego que a circunstância de não publicar os poemas em livro ou em revistas e jornais seja característica essencial do bissexto. O essencial é a produção rara. Lembro ainda que Vinicius deixou de citar o mais bissexto dos nossos poetas — Rodrigo M. F. de Andrade, autor de um único poema, a famosa "Ode pessimista", que tanta discussão suscitou na roda dos colaboradores da revista *Estética*, onde foi publicada.

Uma coisa que tenho observado nos poetas bissextos é a pobreza dos temas, quase sempre reduzidos a dois apenas: o de certa dor nos acidentes passionais, e o que Mário de Andrade chamou, com tanta felicidade, "tema da vida besta".[2] O bissexto quando se embeiça por uma mulher que não pode ser dele, faz verso na certa. Ou quando é lusco-fusco na Praça Mauá e ele espera na fila o ônibus de Grajaú.

Um problema de difícil solução é saber se o poeta bissexto tem pescoço forte ou fraco. Isso só o Nava pode decidir: Nava é o bissexto em estado de pureza absoluta. Mas Pedro Dantas é outro bissexto não menos irredutível, e no entanto tem pescoço fortíssimo.

Que vem a ser isso de pescoço forte e pescoço fraco? Em poucas palavras: quem viaja nos bondes e nos ônibus deve ter reparado que há umas pessoas de pescoço delicado, com os

---

[2]Ver p. 93.

tendões visíveis e alguns ralos cabelos, ao passo que em outras o pescoço é musculoso ou pelo menos enxuto, de cabelo rijo e bem implantado. O primeiro é o pescoço fraco; o segundo, forte. Até aí nada demais. Mas Nava transportou a observação para o domínio da psicologia. Moralmente o pescoço fraco corresponde aos que fraqueiam em face do menor obstáculo. O pescoço fraco, por exemplo, entra num ônibus em que há lugar e permanece em pé, porque na sua timidez não vê o único assento vago. É preciso que um pescoço forte lho mostre. Se o pescoço fraco se apaixona por alguma mulher, fica no que se chama no Norte "namoro de caboclo", em vez de pedir logo "o que fez para dar-se a natureza", como ensinou aquele pescoço taurino que foi o Camões.

Quando um poeta bissexto faz um poema e acerta no pleno, deixa muitas vezes de assinar a obra, que então, pela sua excelência, passa a ser atribuída a um nome glorioso. Na poesia castelhana a célebre "Epístola moral a Fábio" tem sido atribuída a vários poetas — Bartolomé de Argensola, Francisco de Rioja, Francisco de Medrano, etc. Pode muito bem ter sido obra de algum bissexto. Talvez seja também o caso do famoso soneto "A Cristo crucificado",[3] que começa pelo verso: *"No me mueve, mi Dios, para quererte..."* Essa maravilha já foi atribuída a Santa Teresa, a Frei Pedro de los Reyes, a São Francisco Xavier, e até a Santo Inácio de Loiola. Foulché-Delbose opôs objeções muito bem fundadas a todas essas hipóteses. Para mim, andou ali mão de bissexto.

Quando comecei a examinar o caso das "Cartas chilenas", foi com a idéia preconcebida de que podia ser obra de algum bissexto. Nunca aceitei o argumento de certos críticos, a saber: em Minas, no fim do século XVIII, não havia quem

---

[3]Ver p. 157.

pudesse escrever os versos da sátira, fora do grupo de Cláudio, Gonzaga e Alvarenga Peixoto. Por que não? Essa gente não sabe de que é capaz um bissexto em boa forma... Só me convenci de que as cartas não eram de nenhum bissexto e sim de Gonzaga, diante das peculiaridades estiométricas e das provas de Luís Camilo de Oliveira Neto e Afonso Arinos de Mello Franco. Este último, também bissexto, diga-se de passagem, em que pese à opinião de Pedro Dantas.

"Poeta que escreve uma obra como *Marília de Dirceu*", ponderou-me o autor de "A cachorra", "não pode ser considerado bissexto". Arinos estava estudando a Inconfidência Mineira e de repente viu — manjou, como se diz em gíria — o tema do seu poema dramático. Este é fruto de uma elaboração mental bastante complexa; é uma construção, coisa de que um verdadeiro bissexto não será capaz. Você tem razão ao assinalar como característica do bissexto a redução dos temas a tão-somente dois — o do acidente passional e o da vida besta. Note que são os temas líricos por excelência. O do amor é também o mais freqüente, mesmo nos poetas contumazes, e gerador até de epopéias, porque, afinal de contas *A Ilíada* o que é senão a dor de Menelau com todas as suas conseqüências? O mais ilustre caso da famosa dor, pois arrastou à luta todos os príncipes da Grécia solidarizados com o marido de Helena. O poeta contumaz é aquele que sabe extrair matéria lírica de qualquer acidente da vida. Como o Carlos Drummond de Andrade, por exemplo, que a saca tanto de um acontecimento social como a resistência espantosa de Stalingrado, quanto ao de uma simples pedra encontrada no caminho. Há aí qualquer coisa como a ação de um transformador num circuito elétrico. O bissexto não transforma, não elabora nada. Nos temas da vida besta e da dor de Menelau a matéria lírica já se apresenta elaborada e pronta. O bissexto não faz mais que captá-la.

Foi essa, mais ou menos, a argumentação de Dantas. Fiquei bastante abalado com ela, sentindo, todavia, que colocar Arinos na categoria dos contumazes é tirar-lhe um pouco do vago encanto que encontro nos bissextos. O bissexto, na sua relativa impotência criadora, tem, às vezes, achados que enchem de inveja todo o *genus irritabile*. Nas minhas meditações sobre os bissextos, procurei debalde o epíteto antônimo de bissexto. Pedro Dantas saiu-me com esse "contumaz", que é perfeito. E saiu-me ainda com essa elegantíssima "dor de Menelau", que nos deixa inteiramente limpos no seio das famílias.

(*Antologia de poetas brasileiros bissextos contemporâneos*)

O IDEAL CLÁSSICO: BOILEAU

A *ARTE POÉTICA* representa a codificação da doutrina clássica, já praticada espontaneamente pelos grandes escritores do meado do século. O primeiro canto trata de uma maneira geral da arte de escrever em verso. A razão é posta como soberana da criação poética:

> *Aimez donc la raison: que toujours vos écrits*
> *Empruntent d'elle seule et leur lustre et leur prix.*[1]

O conselho vem a propósito da rima (*La rime est une esclave et ne doit qu'obéir*),[2] e outras qualidades são propostas à meditação dos poetas: a sobriedade (*Qui ne sait se borner ne sut jamais écrire*),[3] a variedade (*Heureux qui, dans ses vers, sait d'une voix légère, passer du grave au doux, du plaisant au sevère*);[4] a nobreza do estilo (*Quoi que vous écriviez, évitez la bassesse*),[5] que no entanto não deve ser confundida com a afetação (*Soyez simple avec art, sublime sans orgueil*).[6] Quanto à versificação, Boileau condena as liberdades da *Pléiade* e faz uma crítica injusta de Ronsard, que, a seu ver, *Réglant tout, brouilla tout, fit un art à sa mode.*[7] Mas *enfin Malherbe vint.*

---

[1]"Amai pois a razão: que sempre vossos escritos/Tomem emprestados apenas dela o seu brilho e o seu valor."

[2]"A rima é uma escrava e apenas deve obedecer."

[3]"Quem não sabe se limitar jamais saberá escrever."

[4]"Feliz aquele que, em seus versos, sabe agilmente passar do grave ao suave, do agradável ao austero!"

[5]"Seja sobre o que escrevais, evitai a baixeza."

[6]"Sejais simples com arte, sublime sem orgulho."

[7]"Regulamentando tudo, confundiu tudo, fez uma arte à sua moda."

Et réduisit la muse aux règle du devoir.[8] Em vão será o verso melodioso, se o termo é impróprio ou a construção viciosa:

Sans la langue, en un mot, l'auteur le plus divin
Est toujours, quoi qu'il fasse, un méchant écrivain.[9]

A obra deve ser polida e repolida incessantemente (*Vingt fois sur le métier remettez votre ouvrage*).[10] O canto termina com um trecho satírico sobre os admiradores tolos: *Un sot trouve toujours un plus sot qui l'admire.*[11]

O segundo canto aborda os gêneros poéticos secundários: a elegia (*Il faut que le coeur seul parle dans l'élégie*),[12] a ode (*Chez elle un beau désordre est un effet del'art*),[13] o soneto (*Un sonnet sans défaut vaut seul un long poème*),[14] o rondó, a balada, o madrigal, a sátira, a canção.

O canto terceiro é dedicado aos gêneros mais altos: a tragédia, a comédia, a epopéia. Aí *le secret est d'abord de plaire et de toucher.*[15]

O teatro dos mistérios medievais é condenado como uma "devota imprudência", assim também as pastorais, que transformam os heróis amorosos em pastores. Na comédia — *jamais de la nature il ne faut s'écarter.*[16] Na epopéia defende o maravilhoso pagão contra o maravilhoso cristão.

---

[8]"Enfim veio Malherbe. E reduziu a musa às regras do dever."
[9]"Sem a língua, o mais divino autor/É sempre, faça o que fizer, um mau escritor."
[10]"Recomeçai vinte vezes a composição de vossa obra."
[11]"Um tolo encontra sempre um mais tolo que o admire."
[12]"É necessário que apenas o coração fale na elegia."
[13]"Nela uma bela desordem é um efeito de arte."
[14]"Um soneto sem falha vale um longo poema."
[15]"o segredo é antes de tudo agradar e emocionar."
[16]"jamais se afastar do que é natural".

Finalmente o último canto contém conselhos sobre a ética do escritor:

Travaillez pour la gloire, et qu'un sordide gain
Ne soit jamais l'objet d'un illustre écrivain.[17]

Não se faça de uma arte divina um ofício mercenário. Aceitem-se as censuras (*Souple à la raison corrigez sans murmure*).[18] Amai a virtude.

Nenhum ponto da doutrina clássica foi esquecido, e o fundo dessa doutrina é a razão, que nos permite alcançar a verdade, essência do belo: *Rien n'est beau que le vrai.*[19]

A *Arte poética* será por mais de um século o código das letras, e se a revolução romântica reivindicou maiores direitos para a imaginação e a sensibilidade, é certo que o essencial das regras de Boileau subsistiu. Boileau foi a maior e mais esclarecida força da crítica no século XVII, e soube distinguir entre os seus contemporâneos aqueles que a posteridade sagrou como os maiores gênios poéticos do século: Molière, Racine, La Fontaine.

(*Noções de história das literaturas*)

[17]"Trabalhai para a glória, e que um sórdido ganho/Não seja jamais o objetivo de um escritor ilustre."
[18]"Submisso à razão corrigi sem protesto."
[19]"Nada é tão belo quanto a verdade."

A EXPRESSÃO BARROCA: JUANA INÉS DE LA CRUZ

"A AMÉRICA NASCEU BARROCA", escreveu Luís Alberto Sánchez, "retorcida, sobrecarregada de rodeios, de alambicamentos", e adverte que a arte incaica ostenta motivos ornamentais crispados, curvas angustiantes. Por outro lado, o mexicano José Vasconcelos assinala que os astecas tinham uma arquitetura complicada. Não admira, pois, que o cultismo e o conceptismo, essas duas modalidades do barroco, encontrassem na América campo propício ao seu florescimento.

Góngora começou a ser conhecido pelos poetas do Novo Mundo nos fins do século XVI, através dos "romanceros" importados. Em 1608 chegaram ao México as *Flores de poetas ilustres,* de Pedro de Espinosa, onde figuravam 36 poemas do mestre cordovês. Além disso, as *Soledades* e *Polifemo* circularam em manuscrito antes de impressos, e é muito possível que essas cópias tenham sido remetidas para o México. A partir do meado do século XVII os gongoristas mexicanos são legião, como atestam os certames literários de 1654, 1682 e 1683. E não só em Nova Espanha: gongoristas foram Hernando Dominguez Camargo em Bogotá, Juan Bautista Aguirre no Equador, Pedro de Oña de "El Vasauro"[1] no Chile, Luís de Tejeda na Argentina, para só citar os mais distintos. Na opinião de Pedro Henríquez-Ureña, a principal contribuição da América ao barroco literário está na obra de Balbuena, pela autonomia do seu estilo, bem diferenciado do barroco

[1]Título de um poema religioso com cerca de dez mil versos.

espanhol. Todavia, com revelar mais visível influência de cultistas e conceptistas espanhóis, a obra mais considerável, mais inspirada que produziu na América o estilo barroco é a da monja mexicana Sóror Juana Inês de la Cruz (1651-1695), cognominada pelos contemporâneos a Décima Musa, em verdade o maior poeta lírico da literatura espanhola na segunda metade do século XVII.

* * *

Em todos os gêneros se mostra Juana Inés excepcionalmente dotada e atenta ao estilo dos grandes mestres — Calderón, Góngora, Lope de Vega, Quevedo — , ou ainda ao estilo popular eclesiástico. A sua forma, conceituosa e picante na lírica profana, é ao mesmo tempo grave e simples na lírica religiosa. Gongórica, com todos os matadores da escola, só o foi uma ou outra vez, e no "Primeiro Sueño", excelentemente. Esse longo poema (975 decassílabos e hexassílabos em silva) é, sob a roupagem de rutilantes e audaciosas imagens à maneira das *Soledades* de Góngora, uma análise do que se passa no sono, quando o corpo é *"un cadáver con alma, muerto a la vida y a la muerte vivo"*. O argumento foi resumido em poucas linhas pela própria Sóror Juana: "Sendo noite adormeci, sonhei que uma vez quis compreender todas as coisas de que se compõe o universo; não pude nem mesmo divisá-las por suas categorias, não pude nem mesmo divisar a um só indivíduo. Desenganada, amanheceu e despertei." Assim, o "Primero Sueño" é a síntese poética da impotência de penetrar pela razão o mistério do universo.

(*Literatura hispano-americana*)

A ARCÁDIA MINEIRA: TOMÁS ANTÔNIO GONZAGA

O LIVRO *Marília de Dirceu* é a história dos amores do Poeta, cujos sonhos de felicidade foram tão cruelmente cortados pelo processo em que se viu colhido. O crítico português Rodrigues Lapa assinalou com agudeza o ideal burguesmente familiar desses amores, tão bem ilustrados pela lira 3 da parte III, na qual o Poeta se vê no futuro sentado à mesa de estudo, cercado de altos volumes de enredados feitos:

> Enquanto revolver os meus consultos,
> Tu me farás gostosa companhia,
> Lendo os fastos da sábia mestra História
>   E os cantos da poesia.
> Lerás em alta voz a imagem bela;
> Eu, vendo que lhe dás o justo apreço,
> Gostoso tornarei a ler de novo
>   O cansado processo.

Marília de Dirceu tornou-se desde logo a lírica amorosa mais popular da literatura de língua portuguesa, e nenhum poema, a não ser *Os Lusíadas,* tem tido tão numerosas edições. Embora sejam encontradiços na maioria de suas liras os recursos estafados da poesia arcádica, como sejam os fingimentos pastoris e as alusões mitológicas, há em muitas delas um tom de ingênua simplicidade que as coloca acima da produção dos árcades da metrópole; e como notou Rodrigues Lapa, "o sentimento vivo da paisagem, que busca o termo exato e concreto e não recua diante do vocábulo técnico". Esta última característica é sobretudo visível nas primeiras estrofes da lira atrás citada, certamente uma das mais belas:

> Tu não verás, Marília, cem cativos
> Tirarem o cascalho e a rica terra,
> Ou dos cercos dos rios caudalosos,
>   Ou da mina da serra.
>
> Não verás separar ao hábil negro
> Do pesado esmeril a grossa areia,
> E já brilharem os granetes de ouro
>   No fundo da bateia.
>
> Não verás derrubar os virgens matos,
> Queimar as capoeiras inda novas,
> Servir de adubo à terra a fértil cinza,
>   Lançar os grãos nas covas.
>
> Não verás enrolar negros pacotes
> Das secas folhas do cheiroso fumo;
> Nem espremer entre as dentadas rodas
>   Da doce cana o sumo.

Nessa lira esqueceu o Poeta a paisagem e a vida européias, os pastores, os vinhos, o azeite e as brancas ovelhinhas, esqueceu o travesso deus Cupido, e a sua poesia reflete com formosura a natureza e o ambiente social brasileiro, expressos nos termos da terra — *cercos*, *bateia*, *capoeiras* —, com um fino gosto que não tiveram em suas tentativas pedestres os precursores Botelho de Oliveira e Santa Maria Itaparica.

(*Apresentação da poesia brasileira*)

O ROMANTISMO

COUBE À ALEMANHA a primazia de organizar em nova escola oposta à escola neoclássica o movimento romântico. Esse movimento surgiu tão gradualmente, passou por tantas fases, assumiu tantos aspectos em diferentes países e dentro de um mesmo país em diferentes idades, que difícil se torna defini-lo de maneira cabal. O francês Victor Hugo chamou-lhe o liberalismo na literatura. Mas o romantismo não atingiu apenas a literatura, senão também a arte, a filosofia, a religião e a política. O alemão Heine viu nele principalmente a revivescência do medievalismo. O inglês Walter Pater considerava como a novidade da estética romântica ter acrescentado ao conceito clássico da beleza o senso do estranho. O norte-americano Neilson definiu-o como a predominância da sensibilidade e da imaginação sobre a razão e o senso da realidade. Com efeito, é próprio de todo espírito romântico situar em primeiro plano os valores emotivos, sentimentais e individuais. Como quer que seja, o romantismo, como escola organizada de literatura, foi um movimento de reação contra o espírito e a ortodoxia formal do período neoclássico anterior. Entre os vários aspectos assumidos por essa reação podem-se enumerar, do ponto de vista do fundo das idéias e dos sentimentos: o liberalismo político, a reivindicação dos direitos da paixão, o sentimento da natureza, o interesse pelo passado, especialmente o medieval, pelas mitologias nórdicas, pelos primitivos ou naturais, a preferência dada ao individual, irregular, selvagem, estranho ou grotesco; do ponto de vista da forma, o abandono das regras e formas neoclássicas: regra das três unidades no teatro, tragédia, epopéia histórica, poema descritivo, égloga, mitologia greco-latina, etc.

* * *

Um dos escopos dos românticos foi unificar todos os gêneros separados e pô-los em contato com a filosofia. O substrato filosófico da estética romântica derivava dos sistemas dos contemporâneos Fichte e Schelling, sucessores de Kant. A crítica deste admitia o dualismo do espírito e do *noumenon* incognoscível em si. Os seus discípulos Fichte e Schelling reduziam os dois elementos ao mesmo princípio único, o Espírito, a Razão absoluta e impessoal. Mas enquanto o primeiro parte do sujeito ou eu inteligível e dele faz derivar o objeto ou natureza sensível (idealismo subjetivo), o segundo segue marcha contrária: a natureza é aquela Razão como *existência,* a inteligência a mesma razão na qualidade de *pensante* (idealismo objetivo). O que seduzia os românticos na doutrina de Fichte era o seu extremo subjetivismo, desdém do real, exaltação da vida interior; na de Schelling, aquela transmutação da vida da alma na vida da natureza e vice-versa; uma e outra doutrina profundamente enriquecedoras do domínio da poesia.

(*Noções de história das literaturas*)

GONÇALVES DIAS

A "Canção do exílio" é que foi o seu primeiro grande momento de inspiração, o passaporte da sua imortalidade. Ainda que não tivesse escrito mais nada, ficaria, por ela, o seu nome para sempre gravado na memória da sua gente. Haverá brasileiro que não a saiba de cor? Tão grande foi a popularidade alcançada por esses versos, que os dois primeiros vieram a ser aproveitados como tema de uma cantiga de roda alagoana. É uma poesia cujo encanto verbal desaparece quando traduzida para outra língua. Desaparece mesmo quando dita com a pronúncia portuguesa. Poesia profundamente brasileira, não porque fale no sabiá, mas por qualquer coisa de inefável no sentimento e na expressão. Em geral a língua de Gonçalves Dias trai quase sempre a lição dos clássicos portugueses: é castiça e até, aqui e ali, arcaizante, o que levou Bilac a definir a musa do mestre com a imagem, tão justa, de certa mulher que em pleno viço da mocidade ostentava a graça melancólica de uma cabeleira precocemente encanecida. Mas na "Canção do exílio" não se nota o menor ressaibo de lusitanismo. José Veríssimo louvou-lhe a simplicidade "quase sublime". Por que o "quase"? Aurélio Buarque de Holanda procurou investigar onde reside o segredo dessa simplicidade e acreditou tê-lo descoberto em mais de um ponto. Primeiro na ausência de qualificativos, ausência que valoriza fortemente os substantivos do poema, porque "o poeta usou de substantivos carregados, já por si, de um denso conteúdo sugestivo — seres e coisas da natureza, na grande maioria, ou abstrações: elementos que assim despojados, nus, ganham fundo em intensidade; que se fazem valer melhor por si sós: *terra, palmeiras, sabiá, aves, céu, estrelas, várzeas, flores, bosques, vida, amores, noite, prazer, primores, Deus*". Em seguida assinala o crítico a admirável técnica da repetição: sete dos vinte e quatro versos da canção repetem na íntegra versos anteriores, e quatro são repetições parciais. Comentando a sextilha final, acrescenta:

> É um achado de poética: um verso formado de palavras inteiramente novas, outro em que aparece uma das constantes mais poderosas do poema — *lá*; dois que repetem parcialmente o décimo terceiro e o décimo quarto, sendo que o segundo termina com outra constante das mais valiosas — *cá*; por fim, integralmente, o verso mais repetido de toda a composição, o único, pode-se dizer, em que aparece um ser vivo, o Sabiá —, a nota mais típica da terra-pátria: o único, sim, porque *aves*, nome também de ser vivo, é usado assim genericamente, no plural, e uma só vez, apenas para, desenvolvendo a idéia de que no lugar do exílio não havia o Sabiá, poder o poeta frisar que as mesmas aves comuns aos dois países gorjeavam na terra natal com maior beleza.

Se a ausência de qualificativos e a boa escolha dos substantivos concorreram grandemente para o efeito de simplicidade, o encadeamento e o paralelismo reforçaram no seu ar como que largado, o sentimento de funda e sossegada, de quase religiosa nostalgia. É verdadeiramente sublime.

(*Gonçalves Dias*)

CASIMIRO DE ABREU

CASIMIRO DE ABREU é seguramente o mais simples, o mais ingênuo dos nossos românticos e isso lhe valeu o primeiro lugar na preferência do povo. A nostalgia da pátria, os primeiros sobressaltos amorosos da adolescência, os encantos da paisagem brasileira foram por ele cantados com um acento de meiguice inconfundível. Ninguém exprimiu melhor do que ele em nossa poesia aquilo que Mário de Andrade num estudo sobre Álvares de Azevedo chamou o "complexo do amor e medo", sentimento comum a todos esses adolescentes da fase romântica. O crítico batizou o complexo precisamente com o título de uma das poesias mais estimadas das *Primaveras:*

> Quando eu te fujo e me desvio cauto
> Da luz de fogo que te cerca, ó bela,
> Contigo dizes suspirando amores:
> — Meu Deus, que gelo, que frieza aquela!
>
> Como te enganas! meu amor é chama
> Que se alimenta no voraz segredo,
> E se te fujo é que te adoro louco...
> És bela — eu moço; tens amor — eu, medo!...

Ninguém tampouco exprimiu melhor as saudades da infância do que o fez o poeta fluminense nas oitavas dos "Meus oito anos."

Formou-se a respeito de Casimiro de Abreu um juízo de todo injusto, a que infelizmente deu força a opinião de nomes prestigiosos como Carlos de Laet, o qual na sua *Antologia nacional* escreveu: "Não é escritor correto, mas poeta cujos maviosos acordes sabem o caminho do coração." O filólogo Sousa da Silveira, em sua excelente edição das obras do Poeta, demonstra minuciosamente que, ao contrário, Casimiro de Abreu é escritor e poeta correto — pelo menos tão correto quanto os outros românticos tidos por corretos; e justifica um por um os pretendidos deslizes de linguagem e métrica apontados pelos críticos nas *Primaveras*.

(*Apresentação da poesia brasileira*)

CASTRO ALVES

O ÚNICO AUTÊNTICO condor nesses Andes bombásticos da poesia brasileira foi Castro Alves, criança verdadeiramente sublime, cuja glória se revigora nos dias de hoje pela intenção social que pôs na sua obra.

* * *

Publicara em 1870 o livro das *Espumas flutuantes*, cantos por ele definidos como rebentando por vezes "ao estalar fatídico do látego da desgraça", refletindo por vezes "o prisma fantástico da ventura ou do entusiasmo". Vulgarmente melodramático na desgraça, simples e gracioso na ventura, o que constituía o genuíno clima poético de Castro Alves era o entusiasmo da mocidade apaixonada pelas grandes causas da liberdade e da justiça — as lutas da independência na Bahia, a insurreição dos negros de Palmares, o papel civilizador da imprensa, que ele pinta como uma deusa incruenta, surgindo das brumas da Alemanha, surgindo "alva, grande, ideal, banhada em luz estranha", e acima de todas a campanha contra a escravidão. Mas este último tema não figurava nas *Espumas flutuantes*. As composições em que o tratava deveriam formar o poema "Os escravos", o qual teria como remate "A cachoeira de Paulo Afonso", que foi publicada postumamente. E o Poeta deixou ainda outras poesias avulsas que era sua intenção reunir em outro livro intitulado *Hinos do Equador*.

* * *

Em Castro Alves cumpre distinguir o lírico amoroso que se exprimia quase sempre sem ênfase e às vezes com exemplar simplicidade, como no formoso quadro de *Adormecida*, do épico social desmedindo-se em violentas antíteses, em retumbantes onomatopéias. A este último aspecto, há que levar em conta a intenção pragmática dos seus cantos, feitos para ser declamados na praça pública, em teatros ou grandes salas, verdadeiros discursos de poeta-tribuno. E há que reconhecer nele, mau grado os excessos e o mau gosto, a maior força verbal e a inspiração mais generosa de toda a poesia brasileira.

(*Apresentação da poesia brasileira*)

O PARNASIANISMO

COMO CARACTERIZAR a poesia dos nossos parnasianos? Será fácil discerni-la nos poemas escritos em alexandrinos. Mas nos metros tradicionais na língua portuguesa, e sobretudo nos decassílabos, o que separa um parnasiano de um romântico aproxima-o dos clássicos. Quanto ao fundo mesmo, a diferença dos parnasianos em relação aos românticos está na ausência não do sentimentalismo, que sentimentalismo, entendido como afetação do sentimento, também existiu nos parnasianos, mas de uma certa meiguice dengosa e chorona, bem brasileira aliás, e tão indiscretamente sensível no lirismo amoroso dos românticos. Esse tom desapareceu completamente nos parnasianos, cedendo lugar a uma concepção mais realista das relações entre os dois sexos. O lirismo amoroso dos parnasianos foi de resto condicionado pelas transformações sociais. Com a extinção da escravidão, acabou-se também em breve o tipo da "sinhá", que era a musa inspiradora do lirismo romântico, e a moça brasileira foi perdendo rapidamente as características adquiridas em três séculos e meio de civilização patriarcal. Nas imagens também os parnasianos se impuseram uma rígida disciplina de sobriedade, de contigüidade. Repugnava-lhes a aproximação de termos muito distantes, assim como toda expressão de sentido vago, elementos que encontramos na poesia de Luís Delfino e B. Lopes, os quais, a despeito de sua métrica parnasiana, escandalizavam bastante o gosto um pouco estreito de Alberto de Oliveira, Raimundo Correia, Olavo Bilac e seus discípulos e epígonos.

O hermetismo[1] de um Mallarmé era de todo impenetrável e inaceitável para eles. Doutrinaram e praticaram os parnasianos o ideal de clareza sintática, de conformismo às gramáticas portuguesas. A sua métrica, jamais infiel à sinalefa (nunca disseram "a água", "o ar", contando o artigo como sílaba métrica a exemplo de Camões, que desse hiato tirou muitas vezes grandes efeitos) e praticando quase sistematicamente a sinérese, ganhou em firmeza, perdendo em fluidez. Foi esse processo que deu à poesia parnasiana aquele caráter escultural. Nesse ponto pode-se dizer que Raimundo Correia e Vicente de Carvalho foram mais artistas do que Alberto de Oliveira e Bilac. A métrica daqueles, com ser igualmente precisa, é muito mais rica e sutil, muito mais musical do que a destes. Usaram ambos do hiato interior com fino gosto. Não se deve, porém, fazer carga aos mestres parnasianos de certos defeitos que apareceram mais tarde nos discípulos e acarretaram o descrédito da escola, em especial a rima rica. Os nossos subparnasianos quiseram imitar a riqueza de rimas dos mestres franceses. Mas não havendo entre nós a tradição da rima com consoante de apoio (Goulart de Andrade tentou introduzi-la já no crepúsculo do parnasianismo), lançaram mão da rima rara. A rima rica francesa não implica o sacrifício da simplicidade vocabular: ela se pode obter com as palavras de uso comum. A rima rara portuguesa é quase sempre um desastre: não há uma poesia sequer de Emílio de Meneses que não esteja irremediavelmente prejudicada por esse rico ornato de péssimo gosto.

(*Apresentação da poesia brasileira*)

---

[1]Maneira de escrever que, pelo abuso das palavras raras, da metonímia e de formas sintáticas não habituais, torna difícil a compreensão do texto. O processo, comum nas fórmulas mágicas, foi transposto à literatura por vários poetas e escolas, como a simbolista, tornando-se mesmo fundamento, no Brasil, da poesia da chamada geração de 45, inspirada sobretudo em Mallarmé e Paul Valéry. (Ver p. 270 e segs.)

O SIMBOLISMO

A GERAÇÃO DE 1885, a geração dos poetas chamados *simbolistas* e *decadentes,* reagiu contra o espírito positivo, objetivo e impessoal, contra a forma precisa, clara e escultural da geração parnasiana. Procuraram exprimir as emoções no que elas têm de mais pessoal e ao mesmo tempo mais vago, numa forma despojada de toda a eloqüência e o mais possível próxima da música. "Nomear um objeto", dizia Mallarmé, "é suprimir ¾ partes do gozo do poema, que é feito da felicidade de adivinhar pouco a pouco: sugeri-lo, eis o ideal". É o emprego deste mistério que constitui o símbolo: *Evocar pouco a pouco um objeto para mostrar um estado de alma, ou inversamente, escolher um objeto e desprender dele um estado de alma*". É assim que Mallarmé, falando de um leque, diz, sem o nomear:

Ce blanc vol fermé que tu poses
Contre le feu d'un bracelet...[1]

Verlaine, outro mestre dos simbolistas, escreveu um poema intitulado "Art Poétique", onde aconselha:

[1]"O branco vôo fechado que tu pousas/Contra o fogo de um bracelete..."

De la musique avant toute chose...
Rien de plus cher que la chanson grise
Où l'Indécis au Précis se joint...
Car nous voulons la Nuance...
Pas la couleur, rien que la Nuance!...
Prends l'éloquence et tords-lui son cou!...[2]

(*Noções de história das literaturas*)

[2]"A música acima de todas as coisas.../Nada mais caro que a canção sombria/Onde o Indeciso ao Preciso se junta... /Pois desejamos a Nuança... /Não a cor, nada além da Nuança!... /Agarra a eloqüência e torce-lhe o pescoço!..."

STÉPHANE MALLARMÉ

MUITOS SÃO OS POEMAS de Mallarmé de interpretação difícil senão impossível. Não assim a sua estética e a sua técnica, de que podemos colher quase toda a teoria nas páginas de prosa das *Divagations.*

Não me parece a poesia mallarmeana tão pura quanto se tem afigurado aos seus críticos. Certo purificou-a o poeta de todo elemento estranho ao sentido poético essencial, da humana paixão que chora (por que não se assoa também? perguntou de uma feita), e daquilo a que chamou o dom elocutório, e mesmo da mera realidade dos materiais naturais. A este último aspecto é a sua poesia de natureza platônica, no esforço de subir dos acidentes à noção pura, espécie de metafísica poética em que a flor, por exemplo, se transcendentaliza em *l'absente de tous bouquets.*[1] A divina transposição, obra por excelência do poeta, devia ir do fato ao ideal. Mas se o conceito de poesia pura exige a autonomia dela em relação às outras artes, não se pode falar de pureza em Mallarmé, porque a sua poesia está referta de elementos plásticos, e nisto ela é ainda bem parnasiana, e musical, no que consuma, com o seu caráter espiritual, o simbolismo.

A poesia mallarmeana é essencialmente musical, ele mesmo o declarou. Musical não no sentido puramente sonoro ou melodioso, mas no sentido definido por Boris de Schloezer, ou seja, na imanência do conteúdo com a forma. Neste sentido diz o crítico russo, que é autoridade em música, um texto

[1]"a ausente de todo ramo."

pode ser musical apesar de duro aos ouvidos e a esse ângulo a música nos parece como o limite da poesia. Mallarmé foi sobretudo sensível ao lado orquestral da música. A sua técnica de poeta é uma orquestração da linguagem, e o alexandrino foi principalmente para ele uma combinação de doze timbres. Toda vez que define a poesia, Mallarmé se reporta à música. Alguns fragmentos:

> A Poesia não é senão a expressão musical, superaguda, emocionante, de um estado de alma; as palavras se iluminam de reflexos recíprocos como um virtual rastilho de luzes sobre pedrarias... Esse caráter aproxima-se da espontaneidade da orquestra; buscar, diante de uma ruptura dos grandes ritmos literários e sua dispersão em frêmitos articulados, próximos da instrumentação, uma arte de rematar a transposição para o livro da sinfonia ou simplesmente retomar-lhe o que nos pertence: pois não é das sonoridades elementares dos metais, das cordas e das madeiras inegavelmente mas da intelectual palavra em seu apogeu, que deve com plenitude e evidência, resultar, como o conjunto das relações em tudo existentes, a Música.

Poderia prolongar as citações, mas essas bastam. Quem não percebe a face orquestral na poesia de Mallarmé, não poderá compreendê-la; não poderá sentir a beleza do alexandrino *Hilare or de cimbale à des poings irrité*,[2] e só verá nela a ousadia insólita da imagem. Mas na infinidade dos idiomas nem sempre o timbre da palavra corresponde à imagem por ela evocada: Mallarmé confessou a sua decepção em face da perversidade que confere a *jour* timbre escuro, a *nuit* tim-

---

[2] "Ouro alegre de címbalo dos punhos irritado."

bre claro. Precisamente para remediar essas contradições das línguas existe o verso, complemento superior de cada uma delas na falta do idioma supremo em que as palavras figurassem materialmente a verdade. A Poesia é que dá o verdadeiro timbre às coisas por meio das imagens. E aqui entramos em outro domínio, onde o leitor mal dotado de instinto poético se perde na incompreensão do poeta. Mallarmé jogava com as analogias numa espécie de contraponto, instituía entre as imagens (e raramente exprimia o primeiro termo delas) uma certa relação donde se destacava um terceiro aspecto fusível e encantatório apresentado à adivinhação. Nomear o objeto seria a seu ver suprimir três quartas partes do gozo do poema, gozo que nasce da felicidade de adivinhar. A poesia é um sortilégio, uma força de sugestão. No poema feito para sua filha Geneviève a palavra "leque" só aparece no título e seria dispensável.

* * *

Conta Valéry que certa vez o pintor Degas se queixou a Mallarmé de ter perdido o dia na vã tentativa de escrever um soneto. "No entanto", acrescentou, "não são as idéias que me faltam... Tenho-as até demais." Ao que o mestre respondeu: "Mas, Degas, não é com idéias que se fazem versos: é com palavras." Para Mallarmé, como para todo verdadeiro poeta, a poesia se confunde com a linguagem, e, como explicou Valéry, é linguagem em estado nascente.

Todos esses aspectos, pontos capitais da técnica de Mallarmé, e aquele perpétuo desígnio de transmudar a realidade em sonho, motivo de todos os seus devaneios, ou nas noites de vigília no gabinete da *Rue de Rome*, junto à *fulgurante* console, ou em suas horas solitárias na iole de Valvins, estão presentes nesse poema do fauno, em que renovou magistralmente o gênero antigo da égloga. Por isso Thibaudet classificou-o na obra de poeta como *le morceau des connaisseurs.*

Pois bem, essa obra-prima transparente em seu tema e tão límpida de forma, foi recusada pelo leitor de Lemerre para o terceiro fascículo do *Parnasse Contemporain.* E sabeis quem era esse leitor? Anatole France. O voto de France foi secundado por Coppée e venceu, apesar do protesto de Banville. "*Non*", ponderou France, "*on se moquerait de nous!*".[3] O mesmo júri condenou um soneto de Verlaine. Que soneto? Aquele, incluído depois em *Sagesse,* que começa pelo verso famoso: "*Beauté des femmes, leur faiblesse et ces mains pâles...*"[4] A sentença de France: "*Non, l'auteur est indigne et les vers sont des plus mauvais qu'on ait vus.*"[5] Cabe lembrar aqui a diferença de tratamento dispensada a Verlaine por France e por Mallarmé. France, cuja libertinagem de autor e de homem todos nós conhecemos, puritaníssimo diante dos erros de seu desgraçado confrade; Mallarmé, tão puro em sua arte e na sua vida, salvo o leve pecadilho com Méry Laurent, mais tema de luminosos sonetos do que evasão na sensualidade, compreendendo fraternalmente a atitude do homem e até exaltando-a como a única numa época em que o poeta está fora da lei: a de aceitar todas as dores e todas as misérias com uma tão soberba *crânerie.* Mallarmé e Verlaine foram excluídos do *Parnasse,* onde tiveram entrada D'Artois, Delthil, Dujolier, Marc, Marrot, Grandmoujin, Pigeon e

---

[3]"não, zombariam de nós!"
[4]"Beleza das mulheres, sua fraqueza e suas mãos pálidas..."
[5]"Não, o autor é indigno e os versos são dos piores que já vi."

Popelin. Já ouvistes falar nesses nomes? Não, decerto. Então *moquons-nous d'Anatole France.*[6]

* * *

Diante da agressão de ininteligibilidade, preferia retorquir que a maioria dos contemporâneos não sabe ler senão os jornais.

Às obscuridades naturais resultantes de seu conceito de poesia, juntou as de uma sintaxe própria, substancial e concentrada como uma fórmula algébrica. O que ele escrevia não parece produto do pensamento, mas o próprio pensar em sua origem e evolução dialética, fecundo em incidentes, atentas em se organizar num sistema indeformável à *balancement prévu d'inversions.*[7] Despojava-se por elipse, o mais possível, dos termos de relação. Gostava de separar, às vezes, o adjetivo qualificativo de seu substantivo por algumas palavras ou uma simples vírgula como para marcar entre os dois um instante de reflexão, de escolha. *Ainsi, par ce midi, l'autre dimanche, automnal...*[8] *le pauvre trumeau, suranné...* [9] *avec le rien de mystère, indispensable...*[10] *plutôt que tendre le nuage, précieux...*[11] Escrever para ele era mobilizar toda a sorte de sugestões fugitivas em torno da idéia e nessa mobilização a sua disposição habitual era refugar a solução imediata com a sua luz crua, a solução vulgar, pois *vulgaire l'est ce à quoin on décerne, pas plus, un caractère immédiat.*[12] Eis um bom

[6]"zombemos de Anatole France."
[7]"de equilíbrio previsto de inversões"
[8]"Assim, por este meio-dia, outro domingo, outonal..."
[9]"o pobre tremó, antiquado..."
[10]"com o nada de mistério, indispensável..."
[11]"antes que delicada a nuvem, preciosa..."
[12]"vulgar é aquilo a que se concede, não mais, um caráter imediato."

exemplo da sua sintaxe. Falando da Academia Francesa, prezada tão alto que o ato de a nivelar às outras classes do Instituto lhe parecia de mão política e sacrílega, começou com estas palavras: "*La plus haute institution puisque la royaté finie et les empires, grave, superbe, rituelle est, n'attendez la Chambre représentative, directe, du pays si une autre dure que tarder à nommer paraît irrespectueux, l'Académie.*"[13] Esse curto período resume todo o processo mallarmeano de composição, de organização de um sistema de incidentes em torno de uma idéia e tendendo não à cadência redonda, mas a um remate agudo como o bico da pena pingando o ponto final. Este último processo, tão inabitual na prosa francesa desde a reforma de Guez de Balzac, é freqüentíssimo em Mallarmé. A análise do segredo é aliás fácil: um substantivo, de uma ou duas sílabas, separado de sua regência por uma longa incidente, termina bruscamente o período: "*À côté de l'Amérique que vous et moi portons haut dans notre estime* (*il est, hélas! comme un pays dans un pays*), *j'en sais une à jamais offusquée par cet éclat trop vif, Poe...*"[14] Outro exemplo: "*Constater que la notation de vérités ou de sentiments pratiquée avec une justesse presque abstraite, ou simplement littéraire dans le vieux sens du mot, trouve, à la rampe, la vie.*"[15]

Todos esses traços pessoais de sintaxe dificultam a leitura de Mallarmé, mas essa espécie de obscuridade se dissipa

[13]"A mais alta instituição uma vez que o reinado acabou e os impérios, grave, soberba, ritual é, não esperais a Câmara representativa, direta, do país se uma outra subsiste que parece desrespeitoso demorar a indicar, a Academia."

[14]"Do lado da América, que vocês e eu trazemos alta em nossa estima (ele é, ai de mim! como um país em um país), conheço uma jamais ofuscada por esse vivíssimo clarão, Poe..."

[15]"Constatar que a notação de verdades ou de sentimentos praticada com justeza quase abstrata, ou simplesmente literária no velho sentido da palavra, encontra, na ribalta, a vida."

depressa com alguma prática do autor. Afinal a sintaxe é um hábito, e como condenar por ininteligíveis as singularidades do poeta em nome de uma sintaxe oficial que admite o anacoluto? A sintaxe de Mallarmé reagiu contra a sintaxe corrente do século XIX para acentuar os mil cambiantes do ato de pensar, aos quais correspondiam nos séculos anteriores outras tantas formas de construção, ricas de expressividade, e infelizmente banidas da linguagem escrita em nome de uma clareza tão empobrecedora do mistério poético da palavra.

(*De poetas e de poesia*)

DADAÍSMO E SURREALISMO

Os SIMBOLISTAS tinham libertado a língua poética da vigilância estreita da razão. É preciso lembrar que anteriormente Gérard de Nerval queria que os seus poemas fossem acolhidos como sonhos e advertia que eles não derivavam dos princípios fundamentais da lógica. Nessa situação e direção poetaram Rimbaud, Lautréamont, Guiilaume Apollinaire, Blaise Cendrars, etc. Mas esses esforços por arrancar a poesia ao campo da consciência só se organizaram em sistema e em movimento depois da guerra de 1914. Com efeito, em 1918 é que surge o *dadaísmo,* que foi como que uma campanha de destruição de todos os valores, inclusive os da sintaxe tradicional, e cujos principais cultores foram Tristan Tzara, Francis Picabia, André Breton e outros.

Ao dadaísmo sucedeu um movimento construtivo que se intitulou *surréalisme* (supra-realismo) e cujo chefe foi Breton, em torno do qual se gruparam Louis Aragon, Paul Éluard, Philippe Soupault, etc. O *surréalisme* é o automatismo psíquico puro, pelo qual o poeta se propõe exprimir verbalmente ou por escrito o funcionamento real do pensamento. Para esses poetas os estados de consciência do homem acordado são um aspecto limitado desse funcionamento; o centro da consciência é uma restrição que convém abolir para encontrar o domínio espiritual total, que está no inconsciente. Para escrever o poema deve o poeta colocar-se em estado de passividade completa e grafar o que lhe passa na mente, sem permitir que a inteligência crítica intervenha para corrigir ou dirigir.

(*Noções de história das literaturas*)

O MODERNISMO

O IMPULSO INICIAL do movimento modernista veio das artes plásticas. Em janeiro de 1916 a pintora paulista Anita Malfatti, educada no estrangeiro, realizou em São Paulo uma exposição, na qual, além dos seus quadros, influenciados pelo expressionismo alemão, apresentava ao público algumas telas de pintores europeus cubistas. A exposição suscitou grande escândalo. O escritor Monteiro Lobato escreveu a propósito dela um artigo, cujo título era "Mistificação ou Paranóia?". Mas os trabalhos expostos provocaram o interesse de um grupo de rapazes, entre os quais estavam Mário de Andrade e Oswald de Andrade. Esses moços descobriram em 1920 na capital paulista o escultor Brecheret, influenciado também na sua arte pela corrente antiacadêmica européia. Naquele mesmo ano Oswald de Andrade fundava a revista *Papel e Tinta,* e em novembro publicava na imprensa paulista um artigo intitulado "O meu poeta futurista", onde transcrevia alguns poemas de *Paulicéia desvairada,* livro de versos de Mário de Andrade, que só foi editado em 1922. Aliás os poemas desse livro nada tinham, ou quase nada tinham do futurismo no sentido em que este foi definido pelo seu criador Marinetti. O que havia em *Paulicéia desvairada* era o que o autor no prefácio chamou por brincadeira "desvairismo". Algumas citações habilitarão os leitores a fazer uma idéia da estética inaugurada: "Quando sinto a impulsão lírica", explicava Mário de Andrade, "escrevo, sem pensar, tudo o que o meu inconsciente grita. Penso depois: não só para corrigir, como para justificar o que escrevi. Acredito que o lirismo, nascido no subconsciente, acrisolado num pensamento claro ou confuso, cria frases que são versos inteiros, sem prejuízo de medir tantas sílabas, com acentuação determinada. Arte, que, somada a Lirismo dá Poesia, não consiste em prejudicar a doida carreira do estado lírico para avisá-lo das pedras e cercas de arame do caminho: deixe que tropece, caia e se fira. Arte é mondar mais tarde o poema de repetições fastientas, de sentimentalidades românticas, de pormenores inúteis ou inexpressivos. Que Arte porém não seja limpar versos de exageros coloridos."

Aqui o poeta citava duas imagens arrojadas, uma de Shakespeare: "O vento senta no ombro das tuas velas!"; outra de Homero: "A terra mugia debaixo dos pés dos homens e dos cavalos." Como a insinuar que a idéia deformadora não era uma surpresa revolucionária, vai rastreá-la em Taine — Taine o realista, o positivista, para quem o ideal do artista consistia em "apresentar, mais que os próprios objetos completa e claramente qualquer característica essencial e saliente deles, por meio de alterações sistemáticas das relações naturais entre as suas partes, de modo a tornar essa característica mais visível e dominadora".

Afinal de contas *Paulicéia desvairada* era um desabafo de abafado: um poeta cantando, chorando, rindo, berrando. Sobretudo berrando. Berrando em sátiras duras contra o que ele chamava o "cauteloso pouco-a-pouco" da burguesia satisfeita.

* * *

Do ano de 1922 podemos datar o modernismo brasileiro como movimento organizado (o que houve antes dele foram apenas notas isoladas de poetas que procuravam libertar-se das influências parnasianas e simbolistas). De fato, em fevereiro daquele ano o grupo paulista, composto de Mário de Andrade, Oswald de Andrade, Paulo Prado, Guilherme de Almeida, Menotti del Picchia e outros, em combinação com artistas do Rio, Di Cavalcanti, pintor, de quem partiu a idéia, Ribeiro Couto, natural de Santos mas residente então na capital do país, Ronald de Carvalho, Renato de Almeida e alguns mais, promoveram no Teatro Municipal de São Paulo a chamada "Semana de Arte Moderna", com exposição de artes plásticas, concertos, conferências e declamação. A ação desses inovadores recebeu grande impulso com a solidariedade de Graça Aranha, nome de vasto prestígio, desde a publicação do seu romance *Canaã,* membro da Academia Brasileira de Letras, de cujo convívio se afastou para unir-se em literatura e em política à mocidade revolucionária. Tomou contato com os rapazes quando regressou da Europa depois do armistício de 1918, trazendo na bagagem o seu livro *A estética da vida.* Coube-lhe abrir a "Semana de Arte Moderna", fazendo o discurso de apresentação. Definiu o movimento por um mais livre e fecundo subjetivismo: "É uma resultante do extremado individualismo que vem na vaga do tempo há quase dois séculos até se espraiar em nossa época, de que é feição avassaladora. Cada homem é um pensamento independente, cada artista exprimirá livremente, sem compromisso, a sua interpretação da vida, a emoção estética que lhe vem dos seus contatos com a natureza." Investia em seguida contra as academias, as escolas, "as arbitrárias regras do nefando bom gosto e do infecundo bom senso". Até aí as suas palavras traduziam fielmente o pensamento dos inovadores, mas a seguir esboçava Graça Aranha um programa que era o sentido onde desejaria encaminhar os seus jovens amigos: a libertação da melancolia racial, o abandono do regionalismo: "Que a arte seja fiel a si mesma, renuncie ao particular e faça cessar por instantes a dolorosa tragédia do espírito humano desvairado no grande exílio da separação do Todo, e nos transporte pelos sentimentos vagos das formas, das cores, dos sons, dos tatos e dos sabores a nossa gloriosa fusão no Universo."

Enchera-se à cunha o Teatro Municipal, os poetas foram ruidosamente vaiados, mas a sua ação continuou, depois da Semana, nas páginas da revista *Klaxon* e outras que se foram sucedendo. Culminou a ousadia, degenerando em tumulto, quando, no próprio seio da Academia Brasileira e com grande escândalo de seus confrades acadêmicos, Graça Aranha proferiu em 1924 um discurso inflamado, proclamando que a fundação da Academia fora um equívoco e um erro. Mas já que existia, acrescentava, "que viva e se transforme", admitisse nela "as coisas desta terra informe, paradoxal, violenta, todas as forças ocultas do nosso caos. São elas que não permitem a língua estratificar-se e que nos afastam do falar português e dão à linguagem brasileira este maravilhoso encanto da aluvião, do esplendor solar, que a tornam a única expressão verdadeiramente viva e feliz da nossa espiritualidade coletiva. Em vez de tendermos para a unidade literária com Portugal, alarguemos a nossa separação. Não é para perpetuar a vassalagem a Herculano, a Garrett e a Camilo, como foi proclamado no nascer a Academia, que nos reunimos. Não somos a câmara mortuária de Portugal!".

A repercussão extraordinária alcançada por esse discurso e o desconhecimento das verdadeiras origens do modernismo levaram a um erro de fato, que ainda hoje persiste, de apresentar os iniciadores do movimento como discípulos do autor da *Estética da vida*. A verdade é que não houve influência de Graça Aranha sobre os moços, mas, ao contrário, estes é que influenciaram o confrade mais velho, como está patente no romance *A viagem maravilhosa*, em que o escritor abandona muitas vezes o seu processo de frase ampla e numerosa para adotar as formas breves e elípticas tão do gosto dos inovadores. Graça Aranha não teve discípulos. Não foi um mestre, no sentido estrito da palavra, senão um companheiro mais velho, cuja adesão deu ao movimento o prestígio de sua glória pessoal e o calor do seu generoso entusiasmo.

Difícil é dizer qual das correntes européias mais influiu nos modernistas brasileiros. É certo, porém, que o futurismo terá sido a que menos pesou. Os modernistas introduziram em nossa poesia o verso livre, procuraram exprimir-se numa linguagem despojada da eloqüência parnasiana e do vago simbolista, menos adstrita ao vocabulário e à sintaxe clássica portuguesa. Ousaram alargar o campo poético, estendendo-o aos aspectos mais prosaicos da vida, como já o tinha feito ao tempo do romantismo Álvares de Azevedo. Movimento a princípio mais destrutivo e bem caracterizado pelas novidades de forma, assumiu mais tarde cor acentuadamente nacional, buscando interpretar artisticamente o presente e o passado brasileiro, sem esquecer o elemento negro entrado em nossa formação. Foram seus pioneiros e principais porta-vozes Mário de Andrade e Oswald de Andrade, em São Paulo, Ronald de Carvalho e Ribeiro Couto, no Rio de Janeiro.

(*Apresentação da poesia brasileira*)

MÁRIO DE ANDRADE

MÁRIO DE ANDRADE, nascido em São Paulo em 1893 e ali falecido em 1945, não se destinava à literatura: destinava-se à música e nessa intenção cursou o Conservatório Dramático e Musical daquela cidade, passando depois a lecionar piano, história da música e estética musical. Mas em 1917, a comoção da guerra, o horror de ver os homens separados por ódios terríveis inspirou-lhe uma série de poemas de fundo pacifista publicados sob o título *Há uma gota de sangue em cada poema*. Já havia nesse livrinho, de música e sensibilidade simbolistas, uma evidente procura de formas novas e novos elementos de expressão. Não porém tão pronunciada como em *Paulicéia desvairada*, onde o sofrimento de vinte meses de dúvidas e cóleras o fez rebentar em excessos de liberdade estrepitosa. Não tinha o propósito de mandá-lo imprimir e isso porque não lhe parecia um livro no sentido social da palavra. Mas a celeuma provocada pela publicação de alguns desses poemas no artigo já citado de Oswald de Andrade, a saraivada de remoques com que foram recebidos nas rodas literárias e pelo público em geral, levaram o Poeta a considerar na importância que o livro teria, se publicado, como fermento de renovação e ainda como pedra de escândalo, que iria tornar imediatamente mais aceitáveis os versos de outros poetas igualmente empenhados na prática de novos processos de expressão. Embora desabafo pessoal, uma diretriz bem marcada se afirmava no livro — o interesse brasileiro, ainda que circunscrito àquele orgulho "de ser paulistamente".

(*Apresentação da poesia brasileira*)

O MEU PRIMEIRO contato com o poeta de *Paulicéia desvairada* declanchou em mim um movimento de repulsão: achei detestável o seu primeiro livro (*Há uma gota de sangue em cada poema*). Somente, achando aquela poesia ruim, notei que era um ruim muito diverso dos outros ruins: era um ruim esquisito. Mas não tive esperanças. É que já tinha tido a decepção de outros ruins esquisitos. *Paulicéia desvairada* veio mostrar que daquela vez eu me enganara. Aquele ruim esquisito era o legítimo, isto é, significava uma força e um talento ainda nos limbos do desconforme. *Remate de males,* o livro aparecido agora, é o termo da lenta evolução de Mário de Andrade (evolução que não é só literária, senão moral também) no sentido de compor em formosa serenidade espiritual e técnica todas as forças, às vezes tão desencontradas, daquele ruim esquisito. O mais romântico, o mais pessoal, o mais rebelde, o mais brabo dos nossos poetas — o flexionador de advérbios da *Paulicéia,* o descolocador de pronomes, o possesso lírico invectivador de burgueses, o pontilhista do carnaval carioca, o *clown* trágico das "Danças", que são neste volume como uma reminiscência do puro lírico que foi o poeta, transformou-se nos "Poemas da Negra" e nos "Poemas da Amiga" no mais sereno, no mais disciplinado, no mais azul dos nossos poetas de todos os tempos. Que vitória para o homem e para o poeta! Esses poemas, que são a verdadeira novidade do *Remate de males,* nos dão o sentido da concepção de felicidade a que chegou o poeta: a de conformidade com o seu destino. Por maior que seja a incompreensão em que nos deixam muitas das imagens dos "Poemas da Negra" e da "Amiga", é impossível ficar insensível ao tom de repousante calma que todos eles respiram, uma impressão de altura em que se perdem os ecos odientos da controvérsia humana e aonde só chegam os harmônicos de um lirismo sutilmente, tão sutilissimamente organizado. É incrível ter o poeta chegado a isso. Não há exemplo disso em nossa poesia. Os ingleses é que são assim. Essa ardência que não consome, esse afeto que não mela nunca, essa transubstanciação de sentimentos em pensamento é uma especialidade deles. Mário de Andrade vinha se dirigindo para esses climas líricos desde a "Louvação da Tarde", que é um dos seus mais fortes e belos poemas, da "Manhã", que sei? Talvez de antes mesmo, daquele "Momento" de novembro de 1925. Os "Poemas da Negra" e os da "Amiga" parecem vir de um isolamento enorme, mas de um isolamento em que não se pode falar nem de tristeza nem de alegria. Será de indiferença? "Que indiferença enorme!" diz um verso. Mas não é indiferença não. É antes sabedoria. Tenho de dar marcha a ré: é serenidade, é conformidade com o destino, é, em uma palavra — felicidade.

Nos "Poemas da Negra" eu gosto muito da maneira por que o poeta tratou a Negra e o Recife. A Negra é bem negra naquele grito de carinho em que lhe diz:

> Te vejo coberta de estrelas,
> Coberta de estrelas,
> Meu amor!

O Recife está bem nestes versos em que há a calma das tardes no Capibaribe:

> O que me esconde
> E o momento suave
> Com que as casas velhas
> São velhas, morenas,
> Na beira do rio.
>
> Dir-se-ia que há madressilvas
> No cais antigo...

Negras e cidades do Brasil são temas exóticos. Mesmo nos brasileiros. Uma coisa cacete nas nossas tentativas de assuntos nacionais é que os tratamos como se fôssemos estrangeiros: não são exóticos para nós e nós os exotizamos. Falamos de certas coisas brasileiras como se as estivéssemos vendo pela primeira vez, de sorte que em vez de exprimirmos o que há nelas de mais profundo, isto é, de mais cotidiano, ficamos nas exterioridades puramente sensuais. Mais uma lição que nos dá o poeta! Porque ele nos tem dado tantas: salvo talvez o Oswald de Andrade, que com ele são os dois temperamentos poéticos mais originais, as duas personalidades mais marcadas que possuímos, não há poeta modernista, grande ou pequeno, que não lhe deva alguma coisa. Os grandes fizeram estrada real no rastro deste abridor de picadas.

(*Crônicas da província do Brasil*)

PRINCIPIA COM *PAULICÉIA* a obra de Mário de Andrade em função do momento atual brasileiro. "Só sendo brasileiro", escrevia-me então o poeta, "é que nos universalizaremos, pois assim concorreremos com um contingente novo, novo *assemblage* de caracteres psíquicos pro enriquecimento do universal humano".

Não lhe satisfazia a solução regionalista, criando uma espécie de exotismo dentro do Brasil e excluindo ao mesmo tempo a parte progressista com que o Brasil concorre para a civilização do mundo. Uma hábil mistura das duas realidades parecia-lhe a solução capaz de concretizar uma realidade brasileira "em marcha". Abrasileirar o brasileiro num sentido total, patrializar a pátria inda tão despatriada, quer dizer, concorrer para a unificação psicológica do Brasil — tal lhe pareceu que devia ser sempre a finalidade de sua obra, mais exemplo do que criação. Nesse sentido Rui Barbosa se lhe afigurava a certos aspectos (não certamente o lingüístico!) como tendo mais valor para o Brasil do que cem anos de vida independente e unida, porque foi um ideal humano brasileiro e concorreu para a nossa solidarização psicológica muito mais do que todas as nossas necessidades comuns; porque foi um ídolo, não mais baiano, mas brasileiro. Como homem e como artista, Mário de Andrade viveu e produziu sempre em função desse destino, que se impôs como um apostolado, onde quer que exercesse a sua atividade intelectual — na poesia, na prosa de ficção, na crítica literária, musical e plástica, no domínio do folclore. Em nenhum desses setores fez ele maiores sacrifícios à verdade e beleza de suas criações do que na questão da língua, e aí se tornou muito mais irritante e contundente, muito mais inacessível, em suas nobres intenções, aos julgamentos superficiais. A verdade é que a questão do abrasileiramento da linguagem literária não passa de um detalhe em sua obra, detalhe mais visível, é certo, mas sempre detalhe do problema mais vasto e mais complexo de aprofundar harmonicamente o tipo brasileiro.

(*De poetas e de poesia*)

POESIA PAU-BRASIL

A POESIA BRASILEIRA vai entrar para a Liga Nacionalista. Oswald de Andrade acaba de deitar manifesto — uma espécie de plataforma-poema daquilo que ele chama a Poesia Pau-Brasil. Eu protesto.

* * *

Em primeiro lugar esta história de pau-brasil é blague. Quem na minha geração já viu o famoso pau? Não há mais pau-brasil. O que havia foi todo levado para a Europa pelos piratas franceses dos séculos XVI e XVII. Acabou-se, ainda no tempo em que se escrevia com *z* e servia para a tinturaria.

* * *

Poesia Pau-Brasil. O nome é comprido demais. Bastava dizer Poesia Pau. Por inteiro: Manifesto Brasil da Poesia Pau. Porque poesia de programa é pau. O programa de Oswald de Andrade é ser brasileiro. Aborreço os poetas que se lembram da nacionalidade quando fazem versos. Eu quero falar do que me der na cabeça. Quero ser eventualmente mistura de turco com sírio-libanês. Quero ter o direito de falar ainda na Grécia. Há pouco tempo entrei na Agência Havas no momento em que Américo Facó ditava pelo telefone um despacho recebido de Elêusis. Senti de pronto a ironia da emoção lírica. Não podia evidentemente falar de Tabatingüera.

* * *

O manifesto de Oswald é nacionalista como as crônicas de arte de Paulo Silveira. Mas este cita Versalhes a propósito de uns versos ingleses cujo assunto são uns fantoches da velha comédia italiana. E Oswald tem o horror do que se aprendeu. Primitivismo. Com grande mágoa de Graça Aranha, que faz o possível para nos libertar do terror inicial e já vai perdendo a esperança de nos integrar definitivamente no inconsciente cósmico.

* * *

Mais uma escola. Ribeiro Couto fundou o "penumbrismo". Ronald de Carvalho lançou o "aquelismo" ("Aquela ruazinha de arrabalde...") e prepara neste momento o "puerismo" (*Jogos pueris*) — mas o sr. Humberto de Campos vai dizer que é plágio do "poeirismo" dele. Mário de Andrade cansou-se do desvairismo e anda agora associando vocábulos em liberdade.

* * *

Para tudo isso, porém, existe a adesão em massa. É o maior medo de Oswald de Andrade. De fato nada resiste àquela estratégia paradoxal.

* * *

Mas eu não adiro. E vou começar a fazer intrigas. Há muita insinceridade nesse chamado movimento moderno. Fala-se mal dos outros pelas costas. Cada qual vai fazendo hipocritamente o seu joguinho pessoal. Oswald chama Guilherme de Almeida de campeão peso-leve da poesia nacional, e com outros lhe opõe perfidamente o irmão Tácito, que assina

Carlos Alberto de Araújo com receio de perder os clientes de advocacia. O mesmo Oswald faz de futurista e escreve entretanto, nas *Memórias de João Miramar,* cartas, diálogos e discursos que são um decalque servil de uma realidade cotidianíssima. O seu primitivismo consiste em plantar bananeiras e pôr de cócoras embaixo dois ou três negros tirados da Antologia do sr. Blaise Cendrars.

Ronald fala mal da Academia e vai submetendo os livros ao julgamento dessa mesma Academia, que, de resto, o tem premiado abundantemente e Ronald assinala-o sempre na lista das obras que já publicou.

Sérgio Buarque colabora com cinismo no *Mundo literário.*

Paulo Prado faz a semana de arte moderna, aceita almoço dos klaxistas e, rico, deixa morrer a *Klaxon,* e sócio da casa editora de Vasco Porcalho & Cia., permite que eu e Mário de Andrade sejamos escorraçados pela firma em favor de parnasianos e caboclistas.

Ribeiro Couto gaba medíocres futuristas das colônias portuguesas de Goa e Macau para irritar os passadistas nacionais. Mas em casa, de pijama e em chinelas, lê com aplicação os romancezinhos de Henri Bordeaux. Acha que é moral. Comove-se com *La robe de Laine.*

* * *

É por tudo isso que eu vou me fazer editar pela *Revista de Língua Portuguesa.* Sou passadista.

(*Andorinha, andorinha*)

POETA DA INDECISÃO DELICADA

I

RIBEIRO COUTO me foi apresentado, em 1919, por Afonso Lopes de Almeida. Este foi, durante muitos anos, o único amigo literato que eu tive. Ribeiro Couto é que, com a sua prodigiosa capacidade de "homem cordial", iria pôr-me em contato com todos os poetas que ele conhecera pessoalmente num ano que vivera em São Paulo e nos poucos meses que tinha do Rio. Foi assim que, só depois do *Carnaval,* vim a avistar-me com Goulart de Andrade, Álvaro Moreyra, Rodrigo M. F. de Andrade, Raul de Leoni, Ronald de Carvalho e os modernistas de São Paulo — Mário de Andrade, Oswald de Andrade e seus companheiros.

Naquele tempo Couto cultivava, na sua pessoa e na sua poesia, uma disciplinadíssima discrição. Não gesticulava, não se exaltava. O que ele chama "o seu tormento sem esperança" tinha "o pudor de falar alto". Mais tarde, voltou a gesticular, a exaltar-se, e com arrastante loqüela, o que era, aliás, muito mais conforme o seu temperamento extrovertido, abundante, generoso. Lembro-me, como se fosse hoje, de sua primeira visita. Impressionou-me o seu *pince-nez* de aros de tartaruga, que o envelhecia e lhe dava certa parecença com Max Elskamp,[1] como este foi desenhado por Valloton no *Livre des Masques* de Rémy de Gourmont. Couto leu, antes sussurrou um soneto inspirado por uma negra ("A raça te entristece!"), a que ele não deu a honra da inclusão no *Jardim das confidências*, seu primeiro livro de poemas.

---

[1]Poeta belga do princípio do século XX.

Couto foi como Bilac: quando estrearam já tinham ambos alcançado o perfeito domínio da técnica do verso e neste sentido não se acrescentariam. Isso mesmo que lhe disse, tomado de grande admiração, quando, dias depois do nosso primeiro encontro, conversei uns momentos com ele na Livraria Garnier.

— Porque, afinal de contas, você tem apenas 21 anos!

— Incompletos — advertiu Couto em tom pianíssimo.

Hoje o poeta-embaixador, embaixador do governo brasileiro em Belgrado, embaixador de nossas letras na Europa, poeta bilíngüe, prêmio de Les Amitiés Françaises,[2] completa sessenta anos.

Ah Couto, Coutinho, Ruy, como te chamava tua mãe e te chamam os teus amigos sérvios de Belgrado, lembras-te de que naquele encontro de livraria me segredaste, em voz falsamente pressaga, que não chegarias aos trinta anos? Teu pai morrera cedo e estavas certo de morrer prematuramente como ele.

Dois poetas conheço que se enganaram redondamente em suas fúnebres apreensões: Ribeiro Couto e Augusto Frederico Schmidt. Schmidt pelo mesmo motivo de Couto: a morte do pai em plena mocidade. Um entrou na casa dos cinqüenta, outro entra agora na dos sessenta. Mas para ambos a casa já não tem importância: ambos estão instalados na imortalidade a que têm direito como grandes poetas que são.

[2]As Amizades Francesas: prêmio dado a escritores estrangeiros que escrevem em francês.

II

JÁ ESCREVI uma vez, mais de uma vez, que Ribeiro Couto é desses poetas que aos vinte anos atingem a mestria de sua arte. Do ponto de vista da técnica, os primeiros versos do poeta têm a mesma perfeição dos mais recentes. O que houve através dos anos foi o amadurecimento da sensibilidade e com ele o aprimoramento, o enriquecimento da expressão e dos ritmos. Ribeiro Couto começou por demais afeiçoado no ritmo langoroso e às aliterações do alexandrino simbolista: "O olhar nevoento... o passo lento... sonolento..." Versos como esse eram freqüentes, demasiado freqüentes nos poemas do *Jardim das confidências.* Quando veio a revolução modernista o poeta quase que só aceitou dela o verso livre. Ficou insensível ao entusiasmo de Graça Aranha. Sua poesia continuou sempre sendo a anotação arguta dos momentos raros da vida, aqueles momentos de "indecisão delicada". Momentos de subúrbio, digamos assim, quando do luar descem coisas — "certas coisas". Nunca lhe interessaram as polêmicas sobre o que seja poesia. "É poesia? Não é poesia? Quem saberá jamais?" Todos os problemas estavam resolvidos para ele "pela aceitação da simplicidade". A evolução da poesia de Couto foi esta: aproximação cada vez maior da simplicidade. Talvez esteja nisso a explicação da preferência que ele veio dando nos últimos anos aos metros curtos, de cinco e quatro sílabas, dentro dos quais tem produzido algumas obras-primas como "Elegia", "Tágide", "Ria de Aveiro" e outros poemas de *Entre mar e rio.*

III

Em 26 de maio, dois dias antes de ser acometido de um enfarte, quatro dias antes de morrer, escreveu-me Ribeiro Couto, e foi sem dúvida uma de suas últimas cartas, senão a última, muito contente de regressar breve e definitivamente ao Brasil. Sentia-se bem, só que declarava precisar emagrecer: estava com 102 quilos e queria antes de embarcar fazer uma cura em Brides-les-Bains para reduzir o seu peso a 95 no máximo. Toda a sua carta respirava a alegria do que chamava *le retour à la réalité*:[3] "Quero reintegrar-me no ano de 1943, como se estes vinte últimos anos nada fossem". A carta só me chegou ontem, 3 de junho, como um adeus póstumo.

Há uns dois meses havia eu recebido uma carta de Gilberto Amado na qual me contava o choque profundo que lhe causara o seu recente encontro com Ribeiro Couto: o contraste patético entre a situação daquele homem praticamente cego e a esplêndida coragem com que ele se sobrepunha a ela e falava todo o tempo, cheio de animação e projetos, numa verdadeira euforia. E concluía Gilberto: "Bandeira, prepare-se para o choque." Preparei-me para o choque. E ele veio, mas foi outro, foi o da morte, quase súbita.

Essa impressão de Gilberto põe em plena luz a qualidade moral mais alta de Ribeiro Couto — a sua infracassável virilidade, de que não suspeitaria quem quer que só o conhecesse pela sua obra de poeta, que foi, sobretudo nos primeiros livros, de uma doçura, de um sentimentalismo, que raiava muitas vezes pela pieguice. No poema "O desconhecido", que o velho João Ribeiro apreciava tanto, contava o poeta:

---

[3]A volta à realidade.

Quem é esse que está, sob a lâmpada morta,
Infantil, a chorar debruçado na mesa?
Olá, rapaz, que tens? Conta... Contar conforta.

E em tua boca eu sinto estrangulada, presa,
A confissão que assim, sob a lâmpada morta,
Entre livros, terá mais tristeza, tristeza...

Pões os olhos em mim: pobres olhos molhados
Em que o pranto desceu como que um véu vermelho.
Conta o que tens... Enxuga os olhos desgraçados...
E ele chorava para mim, dentro do espelho.

Essa extrema doçura da poesia de Couto vinha dos temas — os romances perdidos, a mocidade inquieta, a espera inútil — e da técnica simbolista assimilada dos poetas franceses. Couto foi desde os vinte anos um mestre no alexandrino desparnasianizado:[4] gostava de eliminar-lhe a cesura[5] mediana, acentuando-o na quarta e oitava sílabas, ou na terceira e na oitava. A isso juntava as aliterações, as rimas interiores, as reticências:

O olhar nevoento... o passo lento... sonolento...

É que a poesia sempre foi para ele como que o seu "jardim de confidências". O homem de ação, intrépido diante de qualquer perigo, consentia em chorar nos seus versos. Salvo numa parte de sua obra, principalmente em *Noroeste e outros poemas,* onde cantou em voz alta com entusiasmo o seu

[4]Não obediente aos cânones do parnasianismo.
[5]Pausa ou corte no interior do verso, identificando as suas divisões ritmicas. (*N. da E.*)

estado natal, preferia chamar a atenção dos distraídos para os instantes fugazes e delicados da vida. Todo ele está neste poema intitulado "O delicioso instante":

> O crepúsculo desceu de manso.
> E apesar do céu ainda claro
> A cidade ficou em penumbra.
>
> Vai cair a noite.
> Vão acender-se os combustores.
> E desaparecerá esta indecisão delicada.
>
> É o momento de partir para sempre, sem dor...

Ribeiro Couto foi acima de tudo e por excelência o poeta desses instantes "de indecisão delicada". Quando eu me encontro na rua nessa hora do lusco-fusco em que se pressente o próximo acender-se dos combustores, sempre penso em Couto, na sua fina sensibilidade, no seu amor da "indecisão delicada". E neste momento estou me perguntando: será que na hora da morte lhe terá sido dado, como ele tanto merecia, um instante desses, para ele "partir para sempre sem dor"?

(Andorinha, andorinha)

POESIA CONCRETA

SE ACASO ENTENDI bem o que vi e o que li de poesia concreta, o processo que a distingue consiste em tomar as palavras não como signos — "túmulos em que a convenção sepulta as idéias", na expressão de Augusto de Campos — mas como coisas em si mesmas.

Já se disse que o poeta é o homem que vê o mundo com olhos de criança, quer dizer: o homem que olha as coisas como se as visse pela primeira vez; que as percepciona em sua perene virgindade. Imagino que o poeta concretista se esforça por ver as palavras despojadas de todo o seu convencional conteúdo semântico. É assim que as crianças e os adultos analfabetos vêem uma página de cartilha, com as suas sentenças do tipo A AVÓ VÊ A AVE. O tema condutor do poema "O formigueiro", de Ferreira Gullar, é uma sentença de cartilha: A FORMIGA COME A PLANTA. Ninguém poderá negar a intensa poesia das frases de cartilha: só que é poesia não-intencional. Pois bem, vem o poeta e passa a usar intencionalmente o processo, mas em sentido contrário. O analfabeto acaba apreendendo o sentido da sentença, a virgindade das palavras se gasta, elas se transformam nos túmulos da imagem de Augusto de Campos (os poetas concretistas, quando explicam em prosa o seu procedimento, viram também sandapilários);[1] o poeta terá que fazer ver a palavra liberta de

[1]Em Roma, pessoa que conduzia a maca (*sandápila*) em que eram levados à cova os defuntos pobres. O poeta concretista, em prosa, não pode fugir, como diz Manuel Bandeira, à carga de significação usual das palavras.

suas mortalhas. Tenho que é empresa dificílima — uma aventura como a do *Un Coup de Dés* de Mallarmé.

Vou exemplificar. Vocês já tentaram ver os nomes dos nossos grandes românticos como nomes quaisquer? Gonçalves Dias, Castro Alves, Fagundes Varela, Álvares de Azevedo? Desde a infância ouvimos falar neles, de sorte que os seus nomes se tornaram como palavras novas da língua, têm a sua música própria, o seu desenho, o seu cheiro, derivados de tudo o que sabemos desses poetas e de sua poesia. Gonçalves Dias, por exemplo, não é mais uma combinação de Gonçalves com Dias (basta inverter a ordem dos elementos e dizer Dias Gonçalves para torná-lo "concreto" . No entanto, antes de adquirir fama, quando — precisemos mais — apareceu em Portugal na revista O *Trovador* a sua poesia "Inocência", os leitores do tempo devem ter lido a assinatura A. Gonçalves Dias como a gente leria hoje, digamos, Lopes Teixeira ou Almeida Pinto. Ou Ferreira Gullar. Não tenho a menor dúvida de que o nome do autor de "O formigueiro" está nessa fase de casulamento. Ora, muito bem, eu tinha vontade de compor um poema concreto em que partiria do nome Gonçalves Dias e dissociaria os dois apelidos e combiná-los-ia com outros e forjaria firmas comerciais (Dias Gonçalves, S. A., Dias Leiloeiro, Gonçalves, Dias & Cia. etc.), enfim, faria o diabo, de maneira que ao fim do poema o leitor visse o nome inteiramente dissociado da imagem do poeta. Como Ribeiro Couto leu, um dia, o seu na placa de uma firma da Rua Primeiro de Março: Ribeiro, Couto & Cia.

Eu disse que teria vontade. Mas não tenho coragem. Não quero bancar *le pitre châtié*. A poesia concreta exige o poeta de gênio: *hic labor est*.

REINA uma grande confusão nos domínios da poesia concreta. Abro uma revista e me vejo dado como ferrenho adversário dos concretistas; abro um jornal do mesmo dia e esse anuncia que aderi ao concretismo. Não posso confirmar nem infirmar uma ou outra coisa, porque, afinal de contas não sei ainda o que caracteriza um poema concreto. Reinaldo Jardim tem razão: "Ainda não foi satisfatoriamente conceituado o que seja um poema concreto", escreveu ele há pouco. Haroldo de Campos, um dos três ou quatro pioneiros fabricadores da poesia concreta, definiu:

> O poema concreto aspira a ser composição de elementos básicos da linguagem, organizados ótico-acusticamente no espaço gráfico por fatores de proximidade e semelhança como uma espécie de ideograma para uma dada emoção, visando à apresentação direta — presentificação — do objeto.

Mas o poema "Mar azul" de Ferreira Gullar, publicado num dos últimos suplementos dominicais deste jornal, nada tem a ver, como assinalou o crítico Oliveira Bastos, com a escritura ideográfica. Já li, por outro lado, uma proclamação concretista, incluindo entre as novidades do movimento a abolição do verso. Mas o mesmo poema de Gullar resulta construído em ritmo anapéstico (duas sílabas breves seguidas de uma longa) e a última linha do poema é um belo alexandrino trímetro com cesura mediana e tudo; ainda, é claro, que não tenha o poeta versejado intencionalmente.

Do que se conclui que a poesia concreta é uma experiência em gestação. Pode ser, às vezes, simples modalidade de palavras cruzadas, mas acusando certa intenção plástica, certo *humour* poético. Foi assim que elaborei dois de meus poemas, um em homenagem a Constant Tonegaru, poeta romeno executado pelos comunistas de sua terra em Bucareste ("O crime foi em Bucareste..."), outro, um poema de amor (aos 71 anos eu não ousaria fazer um poema de amor senão muito concretisticamente!) Todavia o meu "Analianeliana" obedece apenas ao item concretista de lançar as palavras ao papel sem nexo gramatical, sem nenhuma palavra de relação. Processo encontradiço em qualquer grande poeta do passado. Não importa que eles tenham construído o verso gramaticalmente lógico. Por exemplo, este de Victor Hugo (tudo está em Victor Hugo!): *Chair de la femme, argile idéale, ô merveille!*[2] mais do que qualquer outro elemento de beleza nesse verso, que é em si um poema completo (mas todo grande verso é um poema completo dentro do poema), inscrevamos aqui as cinco palavras *chair, femme, argile, idéale* e *merveille.* Imagine-se que Victor Hugo tivesse criado esse verso como um poema monóstico independente do seu contexto. Poderíamos grafá-lo segundo o padrão concretista, escrevendo em grandes versais os nomes e em minúsculas as palavras de relação. Mais ou menos assim:

	d e	
CHAIR		FEMME
	l a	
	ARGILE	
IDÉALE	ô	MERVEILLE

Apresentado sob tal forma o verso de Hugo, creio que atuará de maneira global mais imediata sobre a sensibilidade do leitor. Me parece ser esse o principal segredo da poesia

[2] "Carne da mulher, argila ideal, ó maravilha!"

concreta. Em todo o caso a minha observação talvez ajude a fazê-la compreender um poucc.

(*Flauta de papel*)

A POESIA CONCRETA pode ser que seja uma maluqueira e até que não seja poesia. Mas que está despertando interesse, está. Vivo assediado de perguntas "em forma de cavalo-marinho", velhos, moços e moças que me pedem que defina o que seja a poesia concreta. O diabo é que ainda não descobri o endereço do Ferreira Gullar para encaminhar toda essa gente para ele. Ora bem, declaro em público e raso que não sei o que é um poema concreto. As três experiências que fiz, inspirado nos processos dos irmãos Campos e de Décio Pignatari, não creio que sejam poemas concretos: serão paraconcretos ou pré-concretos, sei lá! Diagramas líricos, dois uma simples modalidade de palavras cruzadas: sempre gostei de palavras cruzadas, os irmãos Pongetti que o digam, sempre adivinhei um conteúdo poético nos seus problemas.

O meu "Poema de amor"[3], publicado no suplemento literário do *Jornal do Brasil*, é puro diagrama de um grito passional, rojão de lágrimas felizes, portanto, a ler-se na direção do vetor isto é, de baixo para cima. Tradução: *Rosa tumultuada te adoro.*

Puerilidade? Então me deixem ir para junto de Jesus, que disse *Sinite parvulos venire ad me.*[4]

Ora direis: "Mas isso não é poesia, é enigma." Eu vos direi no entanto que toda poesia é enigma. Toda palavra, antes que lhe conheçamos o significado, é um enigma formidável. Claro enigma chamou o poeta Carlos a um dos seus livros e no soneto da "Oficina irritada" claro enigma é Arcturo, a estrela de

[3] "Poema de amor" era o título original do poema atualmente conhecido como "Rosa tumultuada", ver p. 207. (*N. da E.*)

[4] "Deixai os pequeninos vir a mim."

primeira grandeza na cauda da Ursa Maior. Que haverá de mais poético (concreto no duro!) que o Universo? Que maior poeta que Deus? (No entanto os seus desígnios, consultem o Corção[5], são muitas vezes impenetráveis.) Mesmo o Deus feito carne, o Deus feito homem se exprimia por poesia enigma. Hoje todos sabemos o que Cristo queria dizer quando falou: "Quem come a minha carne e bebe o meu sangue permanece em mim e eu nele. Porque a minha carne verdadeiramente é comida e o meu sangue verdadeiramente é bebida." Mas no tempo, para os seus discípulos, isso soava a enigma e muitos deles, ouvindo-o, se puseram a dizer: "Duro é este discurso; quem o pode entender?"

Os enigmas da poesia concreta têm isto de bom: é que são todos decifráveis, porque todos resultam de um esforço consciente da inteligência. Não era assim com os do surrealismo, que nasciam feitos, do subconsciente, recesso tão tenebroso quanto aquele porão do conto de Otto Lara Resende. Porque é decifrável, o poema concreto convence, uma vez explicado; o leitor comum nem trata de saber onde está a poesia: em poesia, como em toda arte, em geral, o que o leitor comum deseja é compreender, porque o que ele mais teme é ser empulhado. Uma senhora que não tinha entendido o meu poema de domingo telefonou-me pedindo a tradução. Disse-lha e ouvi-a sorrir do outro lado, encantada: "Ah, é!" Por pouco que não me chamou "o maior".

(*Flauta de papel*)

---

[5]Gustavo Corção Braga (1896-1978), engenheiro, jornalista e polêmico escritor nascido no Rio de Janeiro, teve importante atuação no Centro Dom Vital, após sua conversão ao catolicismo, engajando-se na ala conservadora do pensamento católico. (*N. da E.*)

OS CONCRETOS quando fazem poemas são os mais lacônicos dos homens — uma palavra ou duas bastam. Mas quando discutem ou teorizam, como as desperdiçam, como se tornam discursivos!

(*Andorinha, andorinha*)

VERSOS DE CIRCUNSTÂNCIA

AUTO-RETRATO

Provinciano que nunca soube
Escolher bem uma gravata;
Pernambucano a quem repugna
A faca do pernambucano;
Poeta ruim que na arte da prosa
Envelheceu na infância da arte,
E até mesmo escrevendo crônicas
Ficou cronista de província;
Arquiteto falhado, músico
Falhado (engoliu um dia
Um piano, mas o teclado
Ficou de fora); sem família,
Religião ou filosofia;
Mal tendo a inquietação de espírito
Que vem do sobrenatural,
E em matéria de profissão
Um tísico profissional.

(*Mafuá do malungo*)

ROSALINA

Rosalina.
Rosa ou Lina?
Lina ou Linda?
Flor ainda!
Flor purpúrea,
Mais singela
Que Adozinda:
Rosalina!
Rosalinda!

(Mafuá do malungo)

GISÈLE

Gisèle. O nome é francês,
Mas sua dona é gaúcha.
Não sei se nasceu de vez
Nem se é magra ou se é gorducha.
O que sei direi agora:
Sei que é filha de Lorita;
Logo deve ser bonita.
E de Eli José Andreazza;
Logo deve mandar brasa.
Isso ou vice-versa, mora?
Tem apenas ano e tanto,
E é a caçula... por enquanto.

(29/8/1960)

POEMAS TRADUZIDOS*

*Os poemas aqui traduzidos, encontram-se hoje, à exceção de "Paráfrase de Ronsard", publicados em *Alguns poemas traduzidos*, desta editora.

A CRISTO CRUCIFICADO

(De autor espanhol não identificado)[1]

Não me move, meu Deus, para querer-te
O céu que me hás um dia prometido:
E nem me move o inferno tão temido
Para deixar por isso de ofender-te.

Tu me moves, Senhor, move-me o ver-te
Cravado nessa cruz e escarnecido.
Move-me no teu corpo tão ferido
Ver o suor de agonia que ele verte.

Moves-me ao teu amor de tal maneira,
Que a não haver o céu ainda te amara
E a não haver o inferno te temera.

Nada me tens que dar porque te queira;
Que se o que ouso esperar não esperara,
O mesmo que te quero te quisera.

---

[1]Ver p. 92.

PARÁFRASE DE RONSARD[1]

Foi para vós que ontem colhi, senhora,
Este ramo de flores que ora envio.
Não no houvesse colhido e o vento e o frio
Tê-las-iam crestado antes da aurora.

Meditai nesse exemplo, que se agora
Não sei mais do que o vosso outro macio
Rosto nem boca de melhor feitio,
A tudo a idade afeia sem demora.

Senhora, o tempo foge... o tempo foge...
Com pouco morreremos e amanhã
Já não seremos o que somos hoje...

Por que é que o vosso coração hesita?
O tempo foge... A vida é breve e é vã...
Por isso, amai-me... enquanto sois bonita.

---

[1]Tradução livre (*paráfrase*) do soneto "Sonnet à Marie", de Ronsard, poeta francês do século XVI: "*Je vous envoye un bouquet que ma main/Vient de trier de ces fleurs épanies.*" Publicado primeiramente no livro *A cinza das horas*, figurou depois em *Poemas traduzidos*.

ORAÇÃO

(São Francisco de Assis)[1]

Ó Senhor, faze de mim um instrumento da tua paz:
Onde há ódio, faze que eu leve Amor;
Onde há ofensa, que eu leve o Perdão;
Onde há discórdia, que eu leve União;
Onde há dúvida, que eu leve a Fé;
Onde há erro, que eu leve a Verdade;
Onde há desespero, que eu leve a Esperança;
Onde há tristeza, que eu leve a Alegria;
Onde há trevas, que eu leve a Luz.

Ó Mestre, faze que eu procure menos
Ser consolado do que consolar;
Ser compreendido do que compreender;
Ser amado do que amar.

    Porquanto
É dando que se recebe;
É perdoando que se é perdoado;
É morrendo que se ressuscita para a Vida Eterna.

---

[1]Além de extraordinária figura humana, São Francisco, poeta, é considerado, hoje, como um dos fundadores da literatura italiana. Viveu no fim do século XII e começo do século XIII.

BELEZA E VERDADE

(Emily Dickinson)[1]

Morri pela beleza, mas apenas estava
Acomodada em meu túmulo,
Alguém que morrera pela verdade
Era depositado no carneiro contínuo.

Perguntou-me baixinho o que me matara:
— A beleza, respondi
— A mim, a verdade — é a mesma coisa,
Somos irmãos

E assim, como paren tes que uma noite se encontram,
Conversamos de jazigo a jazigo,
Até que o musgo alcançou os nossos lábios
E cobriu os nossos nomes

[1]Poetisa americana, Emily Dickinson (1830-1886) figura entre os mais originais poetas do século XIX. Ficou conhecida pelo estilo e método pouco convencionais e por suas metáforas. (*N. da E.*)

TORSO ARCAICO DE APOLO

(Rainer-Maria Rilke)[1]

Não sabemos como era a cabeça, que falta,
De pupilas amadurecidas, porém
O torso arde ainda como um candelabro e tem,
Só que meio apagada, a luz do olhar, que salta

E brilha. Se não fosse assim, a curva rara
Do peito não deslumbraria, nem achar
Caminho poderia um sorriso e baixar
Da anca suave ao centro onde o sexo se alteara.

Não fosse assim, seria essa estátua uma mera
Pedra, um desfigurado mármore, e nem já
Resplandecera mais como pele de fera.

Seus limites não transporia desmedida
Como uma estrela; pois ali ponto não há
Que não te mire. Força é mudares de vida.

---

[1]Poeta alemão, mas nascido em Praga, na antiga Tcheco-Eslováquia, cuja obra foi escrita no primeiro quarto deste século. Além de poesias, deixou famosas cartas, publicadas após sua morte sob o título *Cartas a um jovem poeta*.

QUATRO HAICAIS

(Bashô)[1]

Quatro horas soaram.
Levantei-me nove vezes
Para ver a lua.

*

Fecho a minha porta.
Silencioso vou deitar-me.
Prazer de estar só...

*

A cigarra... Ouvi:
Nada revela em seu canto
Que ela vai morrer.

*

Quimonos secando
Ao sol. Oh aquela manguinha
Da criança morta!

[1]Matsuo Bashô (1664-1694) nasceu em Tóquio, no Japão. Foi um dos grandes mestres do haicai, poema tradicional japonês de três versos de cinco, sete e cinco sílabas, respectivamente. (*N. da E.*)

BALADA DA LINDA MENINA DO BRASIL

(Rubén Darío)[1]

Existe um país encantado
No qual as horas são tão belas
Que o tempo desliza calado
Sobre diamantes, sob estrelas.
Odes, cantares ou querelas
Derramam-se pelo ar sutil
Em glória de perpétuo abril.
Pois ali a flor preferida
Do canto é Ana Margarida,
Linda menina do Brasil.

Existe um mágico Eldorado
(E Amor como seu rei lá está)
Onde há a Tijuca e o Corcovado
E onde gorjeia o sabiá.
O tesouro divino dá
Ali mil feitiços e mil
Sonhos; mas nada tão gentil
Como o broto de alva incendida
Que se chama Ana Margarida,
Linda menina do Brasil.

---

[1]Poeta nicaragüense (1867-1916). Lançou em Buenos Aires (1888) o livro *Prosas profanas* que o consagrou como o chefe da escola modernista da poesia hispânica.

Doce, dourada e primorosa
Infanta de lírico rei,
É uma princesa cor-de-rosa
Que amara Kate Greenaway.
Buscará pela eterna lei
O pássaro azul de Tiltyl?
Eia, oboé, sistro, harpa, anafil:
Que hoje aurora a viver convida
A essa rosa Ana Margarida,
Linda menina do Brasil.

OFERTA

Princesa em flor, nada na vida,
Por mais gracioso ou senhoril,
Iguala a esta jóia querida:
A pequena Ana Margarida,
Linda menina do Brasil.

ESTRELA DA VIDA INTEIRA*

*Os títulos indicados abaixo dos poemas são dos livros nos quais foram pela primeira vez publicados.

EPÍGRAFE[1]

Sou bem-nascido. Menino,
Fui, como os demais, feliz.
Depois, veio o mau destino
E fez de mim o que quis.

Veio o mau gênio da vida,
Rompeu em meu coração,
Levou tudo de vencida,
Rugiu como um furacão,

Turbou, partiu, abateu,
Queimou sem razão nem dó —
Ah, que dor!

Magoado e só,
— Só! — meu coração ardeu.

Ardeu em gritos dementes
Na sua paixão sombria...
E dessas horas ardentes
Ficou esta cinza fria.

— Esta pouca cinza fria...

1917 (*A cinza das horas*)

---

[1]Lê-se no *Dicionário português* de fr. Domingos Vieira: "A epígrafe é uma sentença na parte inferior da estampa, no frontispício de um livro para designar o seu assunto ou seu espírito." Bem *designando o espírito* que o conformou para a poesia, "Epígrafe" é o primeiro poema do primeiro livro de Manuel Bandeira.

DESENCANTO

Eu faço versos como quem chora
De desalento... de desencanto...
Fecha o meu livro, se por agora
Não tens motivo nenhum de pranto.

Meu verso é sangue. Volúpia ardente...
Tristeza esparsa... remorso vão...
Dói-me nas veias. Amargo e quente,
Cai, gota a gota, do coração.

E nestes versos de angústia rouca[1]
Assim dos lábios a vida corre,
Deixando um acre sabor na boca.

— Eu faço versos como quem morre.[2]

Teresópolis, 1912 (*A cinza das horas*)

---

[1]"Angústia silenciosa, soturna."
[2]A substituição do verbo *chorar*, do primeiro verso, por *morrer*, encerra a idéia que, de um lamento, transmuda-se em tomada de posição diante do destino de ser poeta.

OS SAPOS[1]

Enfunando os papos,
Saem da penumbra,
Aos pulos, os sapos.
A luz os deslumbra.

Em ronco que aterra,
Berra o sapo-boi:
— Meu pai foi à guerra!
— Não foi! — Foi! — Não foi!

O sapo-tanoeiro,[2]
Parnasiano aguado,
Diz: — "Meu cancioneiro
É bem martelado.

Vede como primo
Em comer os hiatos!
Que arte! E nunca rimo
Os termos cognatos.

[1]Criticando o excesso de regras parnasianas, que sufocavam a poesia, e o esnobismo dos escritores brasileiros da época, o poeta recolocou o problema da diferença essencial entre forma e fôrma, de cuja confusão resultara a lição equívoca de que a boa métrica e a rima constituiriam a excelência da forma.
[2]Costuma-se identificar Olavo Bilac no *sapo-tanoeiro*.

O meu verso é bom
Frumento sem joio.[3]
Faço rimas com
Consoantes de apoio.

Vai por cinqüenta anos
Que lhes dei a norma:
Reduzi sem danos
A fôrmas e forma.

Clame a saparia
Em críticas céticas:
Não há mais poesia,
Mas há artes poéticas..."

Urra o sapo-boi:
— "Meu pai foi rei" — "Foi!"
— "Não foi!" — "Foi!" — "Não foi!"

Brada em um assomo
O sapo-tanoeiro:
— "A grande arte é como
Lavor de joalheiro.

Ou bem de estatuário.
Tudo quanto é belo,
Tudo quanto é vário,
Canta no martelo."

---

[3]*Retoricamente perfeito*; em sentido literal: campo de trigo da melhor qualidade sem ervas daninhas.

Outros, sapos-pipas
(Um mal em si cabe),
Falam pelas tripas:
— "Sei!" — "Não sabe!" — "Sabe!"

Longe dessa grita,
Lá onde mais densa
A noite infinita
Verte a sombra imensa;

Lá, fugido ao mundo,
Sem glória, sem fé,
No perau profundo
E solitário, é

Que soluças tu,
Transido de frio,
Sapo-cururu[4]
Da beira do rio...

1918 (*Carnaval*)

---

[4]O único não depreciado. Em realidade, o próprio poeta e todos os poetas que realizam poesia autêntica, com os olhos voltados para a vida.

POÉTICA

Estou farto do lirismo comedido
Do lirismo bem comportado
Do lirismo funcionário público com livro de ponto expediente protocolo e manifestações de apreço ao sr. diretor

Estou farto do lirismo que pára e vai averiguar no dicionário o cunho vernáculo de um vocábulo

Abaixo os puristas[1]
Todas as palavras sobretudo os barbarismos universais
Todas as construções sobretudo as sintaxes de exceção
Todos os ritmos sobretudo os inumeráveis

Estou farto do lirismo namorador
Político
Raquítico
Sifilítico
De todo lirismo que capitula ao que quer que seja fora de si mesmo.

De resto não é lirismo
Será contabilidade tabela de co-senos secretário do amante exemplar com cem modelos de cartas e as diferentes maneiras de agradar às mulheres, etc.[2]

---

[1]Originalmente o verso era: "Abaixo a *Revista da Língua Portuguesa*", indicando a preocupação de agredir, à época, os senhores das letras.
[2]O poeta repele todos os esquemas preestabelecidos como necessários à poesia.

Quero antes o lirismo dos loucos
O lirismo dos bêbados
O lirismo difícil e pungente dos bêbados
O lirismo dos *clowns* de Shakespeare

— Não quero mais saber do lirismo que não é libertação.

(*Libertinagem*)

NOVA POÉTICA

Vou lançar a teoria do poeta sórdido.[1]
Poeta sórdido:
Aquele em cuja poesia há a marca suja da vida.
Vai um sujeito,
Sai um sujeito de casa com a roupa de brim branco muito
[bem engomada, e na primeira esquina
[passa um caminhão, salpica-lhe o paletó
[ou a calça de uma nódoa de lama:

É a vida.

O poema deve ser como a nódoa no brim:
Fazer o leitor satisfeito de si dar o desespero.
Sei que a poesia é também orvalho
Mas este fica para as menininhas, as estrelas alfas, as
[virgens cem por cento e as amadas
[que envelheceram sem maldade.

19/5/1949 (*Belo belo*)

---

[1]O que caracteriza o *poeta sórdido* é apenas a *marca suja da vida*. Não será, por certo, a vida porca, mas a vida sem motivo de satisfação, a vida que só traz tristezas. Se assim não fosse, não se justificaria a comparação com *poesia orvalho*, que não é poesia a transpirar pureza, mas, ao contrário, da poesia dos que sofrem, é aquela dos que se sentem felizes, sem a mácula do impacto das coisas tristes, a poesia para as *menininhas* e para as *amadas* de vida cor-de-rosa. Esta não foi a poesia de Manuel Bandeira.

SACHA E O POETA

Quando o poeta aparece,
Sacha levanta os olhos claros,
Onde a surpresa é o sol que vai nascer.

O poeta a seguir diz coisas incríveis,
Desce ao fogo central da Terra,
Sobe na ponta mais alta das nuvens,

Faz gurugutu pif paf,
Dança de velho,
Vira Exu.
Sacha sorri como o primeiro arco-íris.

O poeta estende os braços, Sacha vem com ele.

A serenidade voltou de muito longe.
Que se passou do outro lado?
Sacha mediunizada
— Ah — pa — papapá — papá —
Transmite em Morse ao poeta
A última mensagem dos Anjos.

1931 (*Estrela da manhã*)

MOZART NO CÉU[1]

No dia 5 de dezembro de 1791 Wolfgang Amadeus
[Mozart entrou no céu, como um artista de circo,
[fazendo piruetas extraordinárias sobre um
[mirabolante cavalo branco.

Os anjinhos atônitos diziam: Que foi? Que não foi?
Melodias jamais ouvidas voavam nas linhas
[suplementares superiores da pauta.

Um[2] momento se suspendeu a contemplação inefável.
A Virgem beijou-o na testa
E desde então Wolfgang Amadeus Mozart foi o mais
[moço dos anjos.

(*Lira dos cinqüent'anos*)

---

[1]"Sacha e o poeta" e "Mozart no céu", em conjunto, podem ser considerados a descrição simbólica da gênese do poema: o poeta no ato de criação. É ele meio *clown* meio santo — prestidigitador ou milagroso — que *diz coisas incríveis* e entra no céu *como um artista de circo*. E nessa hora de *melodias jamais ouvidas* e sorrisos de *arco-íris* ele pode dizer que a *Virgem beijou-o na testa* e que recebeu a *última mensagem dos anjos*. Encontra-se o poeta em condições de criar um mundo pela palavra: a poesia é nascida.
[2]O poeta dispensou a preposição por.

VERSOS ESCRITOS N'ÁGUA[1]

Os poucos versos que aí vão,
Em lugar de outros é que os ponho.
Tu que me lês, deixo ao teu sonho
Imaginar como serão.

Neles porás tua tristeza
Ou bem teu júbilo, e, talvez,
Lhes acharás, tu que me lês,
Alguma sombra de beleza...

Quem os ouviu não os amou.
Meus pobres versos comovidos!
Por isso fiquem esquecidos
Onde o mau vento os atirou.

(*A cinza das horas*)

[1]A composição, de marcado lavor parnasiano, mas de linguagem simples (versos de dedicatória elevados ao plano literário), tem a delicadeza e a ternura das criações inspiradas nas canções populares da Europa Central — o *lied* — que tornaram célebre Heinrich Heine, após o caminho que lhe deixara aberto Goethe.

CHAMA E FUMO[1]

Amor — chama, e, depois, fumaça...
Medita no que vais fazer:
O fumo vem, a chama passa...

Gozo cruel, ventura escassa,
Dono do meu e do teu ser,
Amor — chama, e, depois, fumaça...

Tanto ele queima! e, por desgraça,
Queimado o que melhor houver,
O fumo vem, a chama passa...

Paixão puríssima ou devassa,
Triste ou feliz, pena ou prazer,
Amor — chama, e, depois, fumaça...

A cada par que a aurora enlaça,
Como é pungente o entardecer!
O fumo vem, a chama passa...

---

[1]Poema de forma fixa ao modelo da *Villanelle* (Vilanela). Não confundir com Vilancete, apesar de alguns dicionários lhe darem essa tradução. Laudelino Freire consigna a palavra *Vilanela* — "canto pastoril", coincidente com o vocábulo italiano *Villanella*, do qual o francês se origina. Geir Campos a define, no *Pequeno dicionário de arte poética,* dando como exemplo "Chama e fumo". Trata-se de um poema em tercetos, com exceção da última estrofe que tem quatro versos; com duas rimas apenas, uma feminina, no primeiro e terceiro versos e no quarto da última estrofe, e outra masculina, no segundo; apresentando ainda a repetição alternada, a partir da segunda estrofe, do primeiro e terceiro versos da primeira estrofe e de ambos na última. Essa regra de fazer se tornou rígida a partir de Passerat, poeta francês do século XVI, conforme o exemplo abaixo que serviu de modelo a Manuel Bandeira:

Antes, todo ele é gosto e graça.
Amor, fogueira linda a arder!
Amor — chama, e, depois, fumaça...

Porquanto, mal se satisfaça
(Como te poderei dizer?...),
O fumo vem, a chama passa...

A chama queima. O fumo embaça.
Tão triste que é! Mas.. tem de ser...
Amor?... — chama, e, depois, fumaça:
O fumo vem, a chama passa...

Teresópolis, 1911 (*A cinza das horas*)

J'ai perdu ma Tourterelle
Est-ce point celle que j'oy?
Je veus aller après elle

Tu regretes ta femelle,
Hélas! aussi fai-je moy,
J'ai perdu ma Tourterelle.

....
....

Mort, que tant de foi j'appelle,
Pren ce que se donne à toy
J'ai perdu ma Tourterelle,
Je veus aller après elle.

Apesar de subordinado a uma forma, de resto sem raízes na língua portuguesa, denunciando a preocupação artesanal, não se pode negar ao poema de Manuel Bandeira autenticidade. Em torno da fugacidade do amor, transparece a filosofia de vida do poeta: o mau fado é tão normal quanto o bom, e *tem de ser*.

SOLAU[1] DO DESAMADO[2,3]

Donzela, deixa tua aia,
Tem pena de meu penar.
Já das assomadas raia
O clarão dilucular,
E o meu olhar se desmaia[4]
Transido de te buscar.
Sai desse ninho de alfaia,
— Céu puro de teu sonhar,
Veste o quimão de cambraia,
Mostra-te ao fulgor lunar.
Dá que uma só vez descaia
Do ermo balcão do solar
Como uma ardente azagaia
O teu fuzilante olhar.

---

[1]Gênero exclusivamente português e popular, talvez originário do latim *solor* — consolar, aliviar pelo canto, *cantu solata* — Virgílio, *Geórgicas*, I, 293. Em Bernardim Ribeiro, poeta português do século XVI: "Cantar à Maneira de Solao."

[2]*Aquele que não é amado*: forma substantivada do particípio do verbo desamar.

[3]Malgrado a afirmação do autor de se haver inspirado na "Chanson du Mal-Aimé" de Apollinaire, o poema não só revela a pesquisa de fontes arcaicas, como o romance velho de Portugal, mas também lembra as composições do gênero transformadas pela culturação mestiça no Brasil. Muito do vocabulário e das rimas também se encontram em Francisco Rodrigues Lobo, poeta português do começo do século XVII. Só parcialmente no título poderá ser vista a influência do francês.

[4]Forma pronominal do verbo *desmaiar*, usada sobretudo literariamente e como arcaísmo, no caso significando *perder o brilho, obscurecer-se*.

Donzela, deixa tua aia,
Tem pena de meu penar...

Sou mancebo de alta laia:
Não trabalho e sei justar.
Relincham em minha baia
Hacanéias de invejar.
Tenho lacaio e lacaia.
Como um boi ao meu jantar!
Castelã donosa e gaia,
Acode ao meu suspirar
Antes que a luz se me esvaia...
Tem pena de meu penar.

Vou-me ao golfo de Biscaia
Como um bastardo afogar.
Minh'alma blasfema e guaia,
Minh'alma que vais danar,
Dona Olaia, dona Olaia!

— Meu alaúde de faia,
Soluça mais devagar...

(*A cinza das horas*)

PAISAGEM NOTURNA[1]

A sombra imensa, a noite infinita enche o vale...
E lá do fundo vem a voz
Humilde e lamentosa
Dos pássaros da treva. Em nós,
— Em noss'alma criminosa,
O pavor se insinua...
Um carneiro bale.
Ouvem-se pios funerais.
Um como grande e doloroso arquejo
Corta a amplidão que a amplidão continua...
E cadentes, metálicos, pontuais,
Os tanoeiros[2] do brejo,
— Os vigias da noite silenciosa,
Malham[3] nos aguaçais.

Pouco a pouco, porém, a muralha de treva
Vai perdendo a espessura, e em breve se adelgaça
Como um diáfano crepe, atrás do qual se eleva
A sombria massa
Das serranias.

---

[1]As rimas denunciam o sentimento de medida (versos polimétricos). Destaque-se as aliterações e assonâncias, além da rareza vocabular e da abundante adjetivação, conforme os cânones simbolistas.
[2]O mesmo que *sapo-ferreiro*. No poema "Os sapos": *sapo-tanoeiro*.
[3]Coaxar metálico do sapo, por comparação às batidas do martelo do tanoeiro.

O plenilúnio vai romper... Já da penumbra
Lentamente reslumbra
A paisagem de grandes árvores dormentes.
E cambiantes sutis, tonalidades fugidias,
Tintas deliqüescentes[4]
Mancham[5] para o levante as nuvens langorosas.

Enfim, cheia, serena, pura,
Como uma hóstia de luz erguida no horizonte,
Fazendo levantar a fronte
Dos poetas e das almas amorosas,
Dissipando o temor nas consciências medrosas
E frustrando a emboscada[6] a espiar na noite escura,
— A Lua
Assoma à crista da montanha.
Em sua luz se banha
A solidão cheia de vozes que segredam...

Em voluptuoso espreguiçar de forma nua
As névoas enveredam
No vale. São como alvas, longas charpas[7]
Suspensas no ar ao longo das escarpas.
Lembram os rebanhos de carneiros
Quando,
Fugindo ao sol a pino,

---

[4]De *delíquio: desmaiados, esmaecidos.*
[5]Empregando o verbo *manchar* também com objeto indireto, o poeta imprimiu à ação o sentido não usual de movimento.
[6]Personificação do ato de emboscar.
[7]Por *xale* ou *écharpe*, num dos significados dessa palavra francesa, da qual *charpa* se origina. Também pode-se entender como *véu*. Escolha evidente do vocábulo em função da rima.

Buscam oitões, adros hospitaleiros
E lá quedam tranqüilos ruminando...
Assim a névoa azul paira sonhando...
As estrelas sorriem de escutar
As baladas[8] atrozes
Dos sapos.

E o luar úmido... fino...
Amávico[9]... tutelar...
Anima e transfigura a solidão cheia de vozes...

Teresópolis, 1912 (*A cinza das horas*)

---

[8]Expressão transposta da poética com o intuito de atribuir musicalidade ao coaxar.
[9]Neologismo obtido provavelmente de *amavios, amavioso*, para dar o sentido de suavidade encantatória.

DEBUSSY[1]

Para cá, para lá...
Para cá, para lá...
Um novelozinho de linha...
Para cá, para lá...
Para cá, para lá...
Oscila no ar pela mão de uma criança
(Vem e vai...)
Que delicadamente e quase a adormecer o balança
— Psiu... —
Para cá, para lá...
Para cá e...
— O novelozinho caiu.

(*Carnaval*)

[1]O poeta tentou, conforme terá afirmado, realizar com palavras o processo musical muitas vezes adotado por Debussy, compositor francês, mormente nas suas obras para piano. Mas, evidentemente, sem intenção de música, porquanto o seu processo é de poesia, é de composição com palavras.

OS SINOS[1]

Sino de Belém,
Sino da Paixão...

Sino de Belém,
Sino da Paixão...

Sino do Bonfim!...
Sino do Bonfim!...

*

Sino de Belém, pelos que inda vêm!
Sino de Belém bate bem-bem-bem.

Sino da Paixão, pelos que lá vão!
Sino da Paixão bate bão-bão-bão.

Sino do Bonfim, por quem chora assim?...

*

Sino de Belém, que graça ele tem!
Sino de Belém bate bem-bem-bem.

---

[1]O poema traz à baila a questão dos sons das palavras, independentemente dos seus significados, em poesia. No caso o processo é válido, uma vez que poeta obtém preciosos efeitos líricos, incorporando os sons ao sentido do poema, e conduz o leitor ou ouvinte, ao ritmo das badaladas, pelas tristezas e alegrias da vida.

Sino da Paixão — pela minha mãe!
Sino da Paixão — pela minha irmã!

Sino do Bonfim, que vai ser de mim?...

*

Sino de Belém, como soa bem!
Sino de Belém bate bem-bem-bem.

Sino da Paixão... Por meu pai?... — Não! Não!...
Sino da Paixão bate bão-bão-bão.

Sino do Bonfim, baterás por mim?...

*

Sino de Belém,
Sino da Paixão...
Sino da Paixão, pelo meu irmão...

Sino da Paixão,
Sino do Bonfim...
Sino do Bonfim, ai de mim, por mim!

*

Sino de Belém, que graça ele tem!

(*O ritmo dissoluto*)

TREM DE FERRO[1]

Café com pão
Café com pão
Café com pão
Virge Maria que foi isto maquinista?

Agora sim
Café com pão
Agora sim
Voa, fumaça
Corre, cerca
Ai seu foguista
Bota fogo
Na fornalha
Que eu preciso
Muita força
Muita força
Muita força

---

[1]Construção na base do que se pode chamar de onomatopéia rítmica. Pelo ritmo, exclusivamente pelo ritmo, o poeta faz presente o trem de ferro, o trenzinho do interior, a sua partida, as dificuldades de movimento, o seu esforço e a sua carreira pela paisagem da roça. O ritmo é que dá a idéia do movimento, da música das engrenagens, do ruído do deslocamento do ar e da sucessão de cenas tão conhecidas dos que já foram passageiros nesses trenzinhos.

Oô...
Foge, bicho
Foge, povo
Passa ponte
Passa poste
Passa pasto
Passa boi
Passa boiada
Passa galho
De ingazeira
Debruçada
No riacho
Que vontade
De cantar!

Oô...
Quando me prendero[2]
No canaviá[3]
Cada pé de cana
Era um oficiá[4]
Oô...
Menina bonita
Do vestido verde
Me dá tua boca
Pra matá minha sede
Oô...
Vou mimbora vou mimbora[5]
Não gosto daqui
Nasci no sertão
Sou de Ouricuri
Oô...

[2,3,4,5]Formas da fala caipira de *prenderam, canavial, oficial* e *vou-me embora.*

Vou depressa
Vou correndo
Vou na toda
Que só levo
Pouca gente
Pouca gente
Pouca gente...

(*Estrela da manhã*)

CARTAS DE MEU AVÔ[1]

A tarde cai, por demais
Erma, úmida e silente...
A chuva, em gotas glaciais,
Chora monotonamente.

E enquanto anoitece, vou
Lendo, sossegado e só,
As cartas que meu avô
Escrevia a minha avó.

Enternecido sorrio
Do fervor desses carinhos:
É que os conheci velhinhos,
Quando o fogo era já frio.

Cartas de antes do noivado...
Cartas de amor que começa,
Inquieto, maravilhado,
E sem saber o que peça.

[1] O uso da redondilha maior, de fácil manejo sintático por ser o verso idiomático da língua portuguesa, o qual por si mesmo imprime ritmo poético à linguagem prosaica, como se verifica nas composições populares, e o enquadramento do poema, à moda do rondó, entre estrofes (1ª-2ª e 11ª-12ª) acentuadamente líricas, permitiu ao poeta manter o clima encantatório do conjunto, malgrado serem os versos, na sua maioria, construídos em linguagem coloquial.

Temendo a cada momento
Ofendê-la, desgostá-la,
Quer ler em seu pensamento
E balbucia, não fala...

A mão pálida tremia
Contando o seu grande bem.
Mas, como o dele, batia
Dela o coração também.

A paixão, medrosa dantes,
Cresceu, dominou-o todo.
E as confissões hesitantes
Mudaram logo de modo.

Depois o espinho do ciúme...
A dor... a visão da morte...
Mas, calmado o vento, o lume
Brilhou, mais puro e mais forte.

E eu bendigo, envergonhado,
Esse amor, avô do meu...
Do meu — fruto sem cuidado
Que ainda verde apodreceu.

O meu semblante está enxuto.
Mas a alma, em gotas mansas,
Chora, abismada no luto
Das minhas desesperanças...

E a noite vem, por demais
Erma, úmida e silente...
A chuva em pingos glaciais,
Cai melancolicamente.

E enquanto anoitece, vou
Lendo, sossegado e só,
As cartas que meu avô
Escrevia a minha avó.

(*A cinza das horas*)

O INÚTIL LUAR[1]

É noite. A Lua, ardente e terna,
Verte na solidão sombria
A sua imensa, a sua eterna
    Melancolia...

Dormem as sombras na alameda
Ao longo do ermo Piabanha.
E dele um ruído vem de seda
    Que se amarfanha...

No largo, sob os jambolanos,[2]
Procuro a sombra embalsamada.
(Noite, consolo dos humanos!
    Sombra sagrada!)

Um velho senta-se a meu lado.
Medita. Há no seu rosto uma ânsia...
Talvez se lembre aqui, coitado!
    De sua infância.

---

[1]O elemento fundamental de constituição do lirismo é o impacto do prosaico. Nas três estrofes iniciais, o poeta cria uma realidade exclusivamente sua, de sonhador, com a qual se choca a realidade trivial de cada um dos personagens que vão surgindo, nas estrofes centrais, sob o luar, que é inútil porque não lhes inspira poesia, mas apenas os ilumina para os atos cotidianos e vulgares. Na última estrofe, o poeta retoma o fio da realidade sonhadora.
[2]O mesmo que *jambolão* ou *jamelão*.

Ei-lo que saca de um papel...
Dobra-o direito, ajusta as pontas,
E pensativo, a olhar o anel,
Faz umas contas...

Com outro moço que se cala,
Fala um de compleição raquítica.
Presto atenção ao que ele fala:
— É de política.

Adiante uma senhora magra,
Em ampla charpa que a modela,
Lembra uma estátua de Tanagra.[3]
E, junto dela,

Outra a entretém, a conversar:
— "Mamãe não avisou se vinha.
Se ela vier, mando matar
Uma galinha."

E embalde[4] a Lua, ardente e terna,
Verte na solidão sombria
A sua imensa, a sua eterna
Melancolia...

(*A cinza das horas*)

[3]Por *Tânagra*, em função do ritmo e da rima.
[4]Sem proveito.

EPÍLOGO[1]

Eu quis um dia, como Schumann, compor
Um Carnaval todo subjetivo:
Um Carnaval em que o só motivo
Fosse o meu próprio ser interior...

Quando o acabei — a diferença que havia!
O de Schumann é um poema cheio de amor,
E de frescura, e de mocidade...
E o meu tinha a morta morta-cor
Da senilidade e da amargura...
— O meu Carnaval sem nenhuma alegria!...

1919 (*Carnaval*)

[1]Na cronologia da obra, esse poema é um marco. É o primeiro em que surgem os traços definitivos do estilo que iria caracterizar as melhores composições do poeta. Palavras, mesmo as mais comuns, adquirem conteúdo poético pela magia do ritmo e da disposição.

NOITE MORTA

Noite morta.
Junto ao poste de iluminação
Os sapos engolem mosquitos.

Ninguém passa na estrada.
Nem um bêbado.

No entanto há seguramente por ela uma procissão de
[sombras.
Sombras de todos os que passaram.
Os que ainda vivem e os que já morreram.

O córrego chora.
A voz da noite...

(Não desta noite, mas de outra maior.)

Petrópolis, 1921 (*O ritmo dissoluto*)

PNEUMOTÓRAX[1]

Febre, hemoptise, dispnéia, e suores noturnos.
A vida inteira que podia ter sido e que não foi[2]
Tosse, tosse, tosse.

Mandou chamar o médico:
— Diga trinta e três.
— Trinta e três... trinta e três... trinta e três...
— Respire.

....

— O senhor tem uma escavação no pulmão esquerdo e o
[pulmão direito infiltrado.
— Então, doutor, não é possível tentar o pneumotórax?
— Não. A única coisa a fazer é tocar um tango argentino.[3]

(*Libertinagem*)

---

[1]A realização desse poema é das mais perfeitas sob o ponto de vista do verso livre. Sons e processos sintáticos estabelecem um determinado ritmo, ora destacando o verso em cada palavra, ora lhe dando prolongada ondulação, num movimento que põe em destaque o sentido da frase-verso, e criando o poético mesmo no diálogo com palavras do mais cotidiano linguajar.

[2-3]Versos com tal intensidade lírica que adquiriram na fraseologia brasileira equivalência folclórica.

NA RUA DO SABÃO[1]

Cai cai balão
Cai cai balão
Na Rua do Sabão!

O que custou arranjar aquele balãozinho de papel!
Quem fez foi o filho da lavadeira.
Um que trabalha na composição do jornal e tosse muito.
Comprou o papel de seda, cortou-o com amor, compôs os
[gomos oblongos[2]...
Depois ajustou o morrão de pez[3] ao bocal de arame.

Ei-lo agora que sobe — pequena coisa tocante na escuridão
[do céu.
Levou tempo para criar fôlego.
Bambeava, tremia todo e mudava de cor.
A molecada[4] da Rua do Sabão
Gritava com maldade:
Cai cai balão!

---

[1]O poema é uma demonstração do quanto é permitido variar o ritmo do verso livre. A necessidade de expressão determina-o, sem contenção alguma: cantiga folclórica, frases do falar comum, uma só palavra ou longos, destacando-se o impacto prosaico do 26º verso, para dizer da impossibilidade de impedir a escalada do balãozinho.

[2]As assonâncias parecem inspiradas nos primeiros versos da "Chanson d'Automne", de Verlaine.

[3]Bucha de balão com breu.

[4]"O moleque — a expressão mais viva da rua brasileira". (Gilberto Freyre)

Subitamente, porém, entesou, enfunou-se e arrancou das
[mãos que o tenteavam.
E foi subindo...
para longe...
serenamente...
Como se o enchesse o soprinho tísico do José.

Cai cai balão!

A molecada salteou-o com atiradeiras
assobios
apupos
pedradas.

Cai cai balão!

Um senhor advertiu que os balões são proibidos pelas
[posturas municipais.
Ele foi subindo...
muito serenamente...
para muito longe...
Não caiu na Rua do Sabão.
Caiu muito longe... Caiu no mar — nas águas puras do mar
[alto.

(*O ritmo dissoluto*)

BALÕEZINHOS[1]

Na feira-livre do arrabaldezinho
Um homem loquaz apregoa balõezinhos de cor:
— "O melhor divertimento para as crianças!"
Em redor dele há um ajuntamento de menininhos pobres,
Fitando com olhos muito redondos os grandes balõezinhos
[muito redondos.
No entanto a feira burburinha.
Vão chegando as burguesinhas pobres,
E as criadas das burguesinhas ricas,
E mulheres do povo, e as lavadeiras da redondeza.

Nas bancas de peixe,
Nas barraquinhas de cereais.
Junto às cestas de hortaliças
O tostão é regateado com acrimônia.

Os meninos pobres não vêem as ervilhas tenras,
Os tomatinhos vermelhos,
Nem as frutas,
Nem nada.

Sente-se bem que para eles ali na feira os balõezinhos de
[cor são a única mercadoria útil e
[verdadeiramente indispensável.

---

[1]É extraordinária a capacidade revelada pelo poeta de criar lirismo da melhor qualidade com palavras chãs, cenas, atitudes e sentimentalidades as mais vulgares.

O vendedor infatigável apregoa:
— O melhor divertimento para as crianças!
E em torno do homem loquaz os menininhos pobres fazem
[um círculo inamovível de desejo e espanto.

(*O ritmo dissoluto*)

TRAGÉDIA BRASILEIRA[1]

Misael, funcionário da Fazenda, com 63 anos de idade,

Conheceu Maria Elvira na Lapa — prostituída, com sífilis, dermite nos dedos, uma aliança empenhada e os dentes em petição de miséria.

Misael tirou Maria Elvira da vida, instalou-a num sobrado no Estácio, pagou médico, dentista, manicura... Dava tudo quanto ela queria.

Quando Maria Elvira se apanhou de boca bonita, arranjou logo um namorado.

Misael não queria escândalo. Podia dar uma surra, um tiro, uma facada. Não fez nada disso: mudou de casa.

Viveram três anos assim.

Toda vez que Maria Elvira arranjava namorado, Misael mudava de casa.

Os amantes moraram no Estácio, Rocha, Catete, Rua General Pedra, Olaria, Ramos, Bonsucesso, Vila Isabel, Rua Marquês de Sapucaí, Niterói, Encantado, Rua Clapp, outra vez no Estácio, Todos os Santos, Catumbi, Lavradio, Boca do Mato, Inválidos...

Por fim na Rua da Constituição, onde Misael, privado de sentidos e de inteligência, matou-a com seis tiros, e a polícia foi encontrá-la caída em decúbito dorsal, vestida de organdi azul.

1933 (*Estrela da manhã*)

---

[1]Poema em prosa tirado de uma notícia de jornal. A análise da composição revela detalhes que o situam fora dos domínios da prosa: a disposição separada do sujeito da oração inicial, isolado como se se tratasse de um verso; referências como, dentre outras, *vestida de organdi azul*, que criam atmosfera lírica; a enumeração dos locais de moradia; a função estrutural da repetição dos nomes *Misael* e *Maria Elvira*.

BOI MORTO[1]

Como em turvas águas de enchente,
Me sinto a meio submergido
Entre destroços do presente
Dividido, subdividido,
Onde rola, enorme, o boi morto,[2]

Boi morto, boi morto, boi morto.

Árvores da paisagem calma,
Convosco — altas, tão marginais! —
Fica a alma, a atônita alma,
Atônita para jamais.
Que o corpo, esse vai com o boi morto,

Boi morto, boi morto, boi morto.

---

[1]O poema serve de referência à relação entre a poética de Manuel Bandeira e a geração de 45. Disse o poeta, em certa passagem do "Itinerário de Pasárgada", que jamais fez poema ou verso ininteligível para se "fingir de profundo sob especiosa capa de hermetismo". Só com esse fim também não o teriam feito os melhores poetas daquela geração. A verdade, porém, é que "Boi morto", ao ser publicado em suplemento dominical, causou a maior celeuma pelo seu hermetismo.

[2]Estrofe a estrofe, *boi morto* vai adquirindo um estranho valor para, afinal, dominar todo o poema. Ressalte-se o *rejet* dos 14º/15º versos, no qual o composto *boi morto* é seccionado, obrigando a uma pausa que lhe engrandece e dá força. Sente-se o avolumar-se da imagem do animal, já a essa altura fantasmagórica, como aquelas que assaltam os espíritos enlouquecidos. O *boi morto* se afigura uma fantasia do homem do futuro, capaz de materializar o monstro do subconsciente.

Boi morto, boi descomedido,
Boi espantosamente, boi
Morto, sem forma ou sentido
Ou significado. O que foi
Ninguém sabe. Agora é boi morto,

Boi morto, boi morto, boi morto.

(*Opus 10*)

AZULEJO

alarido
alvorada

ferro
serro

peito
flauta

nêsperas
anêmona

noite
noivado

ROSA TUMULTUADA[1]

a
t
te a / doro
n
a da
i
tu m / ultu
r o / sa
n
i

(Estrela da tarde)

[1]A esses dois poemas não se pode negar *autenticidade concreta*. "Em sincronização com a terminologia adotada pelas artes visuais e, até certo ponto, pela música de vanguarda (concretismo, música concreta), diria eu que há uma poesia *concreta*. Concreta no sentido em que, postas de lado as pretensões figurativas da expressão (o que não quer dizer: posto à margem o significado), as palavras nessa poesia atuam como objetos autônomos." (Augusto de Campos)

JACQUELINE[1]

Jacqueline morreu menina.
Jacqueline morta era mais bonita do que os anjos.
Os anjos!... Bem sei que não os há em parte alguma.
Há é mulheres extraordinariamente belas que morrem
[ainda meninas.

Houve tempo em que olhei para os teus retratos de menina
[como olho agora para a pequena
[imagem de Jacqueline morta.

Eras tão bonita!
Eras tão bonita, que merecerias ter morrido na idade de
[Jacqueline

— Pura como Jacqueline.

(*Estrela da manhã*)

[1]Conta Manuel Bandeira: "Certa vez, na Livraria Católica, eu e Augusto Frederico Schmidt vimos num livro francês o retrato de uma linda menina morta, Jacqueline. Schmidt, comovido com a fotografia, propôs-me que fizéssemos cada um, um poema em intenção daquela Jacqueline." Essa associação de poesia e arte fotográfica já realizaram, com sucesso, modernamente, vários poetas. Pena é que a fotografia, no caso, não acompanhe o poema.

O RIO[1]

Ser como o rio que deflui
Silencioso dentro da noite.
Não temer as trevas da noite.
Se há estrelas nos céus, refleti-las.
E se os céus se pejam de nuvens,
Como o rio as nuvens são água,
Refleti-las também sem mágoa
Nas profundidades tranqüilas.

Petrópolis, 1948 *(Belo belo)*

---

[1]Note-se que os infinitivos *ser, não temer, refleti-las*, têm um matiz de imperativo, como que propondo um programa de vida.

ANDORINHA[1]

Andorinha lá fora está dizendo:
— Passei o dia à toa, à toa!

Andorinha, andorinha, minha cantiga é mais triste!
Passei a vida à toa, à toa...

(*Libertinagem*)

[1]Poema de extraordinária musicalidade. Tão extraordinária que se poderá dizer haver o poeta transposto a barreira entre a "musicalidade — de música propriamente dita" e a "musicalidade subentendida" da poesia, unindo novamente, em um só ato de criação, as duas artes que, porventura, assim teriam sido em suas origens, e que tendem a voltar a ser, diante dos novos veículos de comunicação.

RONDÓ DOS CAVALINHOS[1]

Os cavalinhos correndo,
E nós, cavalões, comendo...[2]
Tua beleza, Esmeralda,
Acabou me enlouquecendo.

Os cavalinhos correndo,
E nós, cavalões, comendo...
O sol tão claro lá fora,
E em minh'alma — anoitecendo!

Os cavalinhos correndo,
E nós, cavalões, comendo...
Alfonso Reyes partindo,
E tanta gente ficando...

Os cavalinhos correndo,
E nós, cavalões, comendo...
A Itália falando grosso,
A Europa se avacalhando...[3]

---

[1]Apesar de composto como manifestação mundana, homenagem ao poeta mexicano Alfonso Reyes, em almoço de despedida no Jóquei Clube, o poema, pelo seu conteúdo lírico, é de primeira grandeza e não obra de circunstância. Além dos fatos cotidianos que encerra e da beleza da mulher que exalta, a morte, como bem observa Otto Maria Carpeaux, esconde-se "atrás do símbolo de despedida de um amigo, nos gerúndios suspensos para o infinito, do 'Rondó do Jockey Club'" (primitivo título do poema).
[2]Contraposição dos significados do aumentativo e do diminutivo de *cavalo*, atribuindo ao homem, o bem alimentado assistente, o sentido de rudeza, e ao animal, que se esforça nas pistas para distraí-lo, o de delicadeza.
[3]Referência à atitude agressiva de Mussolini, ditador fascista da Itália, e à atitude acovardada da Inglaterra e da França, nos anos que precederam à guerra mundial de 1939.

Os cavalinhos correndo,
E nós, cavalões, comendo...
O Brasil politicando,
Nossa! A poesia morrendo...
O sol tão claro lá fora,
O sol tão claro, Esmeralda,
E em minh'alma — anoitecendo!

(*Estrela da manhã*)

BACANAL

Quero beber! cantar asneiras
No esto brutal das bebedeiras
Que tudo emborca e faz em caco...
Evoé Baco!

Lá se me parte a alma levada
No torvelim da mascarada,
A gargalhar em doudo assomo...
Evoé Momo!

Lacem-na toda, multicores,
As serpentinas dos amores,
Cobras de lívidos venenos...
Evoé Vênus!

Se perguntarem: Que mais queres,
Além de versos e mulheres?...
— Vinhos!... o vinho que é o meu fraco!...
Evoé Baco!

O alfange rútilo da lua,
Por degolar a nuca nua
Que me alucina e que eu não domo!...
Evoé Momo!

A Lira etérea, a grande Lira...
Por que eu extático desfira
Em seu louvor versos obscenos,
Evoé Vênus!

1918 (*Carnaval*)

ALUMBRAMENTO

Eu vi os céus! Eu vi os céus!
Oh, essa angélica brancura
Sem tristes pejos e sem véus!

Nem uma nuvem de amargura
Vem a alma desassossegar.
E sinto-a bela... e sinto-a pura...

Eu vi nevar! Eu vi nevar!
Oh, cristalizações da bruma
A amortalhar, a cintilar!

Eu vi o mar! Lírios de espuma
Vinham desabrochar à flor
Da água que o vento desapruma...

Eu vi a estrela do pastor...
Vi a licorne alvinitente!...
Vi... vi o rastro do Senhor!...

E vi a Via-Láctea ardente...
Vi comunhões... capelas... véus...
Súbito... alucinadamente...

Vi carros triunfais... troféus...
Pérolas grandes como a lua...
Eu vi os céus! Eu vi os céus!

— Eu vi-a nua... toda nua!

Clavadel, 1913 (*Carnaval*)

BALADA[1] DE SANTA MARIA EGIPCÍACA[2]

Santa Maria Egipcíaca seguia[3]
Em peregrinação à terra do Senhor.

Caía o crepúsculo, e era como um triste sorriso de mártir.

Santa Maria Egipcíaca chegou
À beira de um grande rio.
Era tão longe a outra margem!
E estava junto à ribanceira,
Num barco,
Um homem de olhar duro.

Santa Maria Egipcíaca rogou:
— Leva-me ao outro lado.
Não tenho dinheiro. O Senhor te abençoe.

O homem duro fitou-a sem dó.

---

[1]"A forma pela qual um evento é tratado e narrado como encontro fatídico, chama-se Balada". (Wolfgang Kayser)

[2]Colhendo o episódio da vida de Santa Maria Egipcíaca, romance espanhol de fins do século XII ("*la que fué fermosísima mujer y hoy gloriosa santa*"), fixou o poeta o "encontro fatídico" da santa com o barqueiro que a deveria conduzir ao outro lado do rio sagrado, para que pudesse cumprir a sua penitência e purificar-se dos seus pecados, encontro no qual, já não por prazer ou luxúria, mas para cumprir o seu destino santificante, pela derradeira vez pecou.

[3]É importante o emprego do verbo no pretérito imperfeito, pelo qual é dada a idéia de penetração, na narrativa, já em pleno movimento.

Caía o crepúsculo, e era como um triste sorriso de mártir.

— Não tenho dinheiro. O Senhor te abençoe.
Leva-me ao outro lado.

O homem duro escarneceu: — Não tens dinheiro,
Mulher,[4] mas tens teu corpo. Dá-me o teu corpo, e vou
[levar-te.

E fez um gesto. E a santa sorriu,
Na graça divina, ao gesto que ele fez.

Santa Maria Egipcíaca despiu
O manto,[5] e entregou ao barqueiro
A santidade da sua nudez.[6]

(*O ritmo dissoluto*)

---

[4]A palavra *mulher* — em *rejet* — tanto serve de vocativo à oração do verso anterior, quanto constitui, sozinha, uma oração subordinada à seguinte, indicando a condição, com valor de gerúndio preposicionado *em sendo mulher*.

[5]Realce, também em *rejet*, da palavra *manto*, que traz em si a carga de divindade atribuída pela tradição cristã, em contraposição à cena decorrente do significado do verbo *despir*.

[6]Seccionamento da oração final para pôr em destaque o objeto constituído pelo último verso e não a ação definida pelo verbo.

CARINHO TRISTE

A tua boca ingênua e triste
E voluptuosa, que eu saberia fazer
Sorrir em meio dos pesares e chorar em meio das alegrias,
A tua boca ingênua e triste
É dele quando ele bem quer.

Os teus seios miraculosos,
Que amamentaram sem perder
O precário frescor da pubescência,
Teus seios, que são como os seios intactos das virgens,
São dele quando ele bem quer.

O teu claro ventre,
Onde como no ventre da terra ouço bater
O mistério de novas vidas e de novos pensamentos,
Teu ventre, cujo contorno tem a pureza da linha de mar e céu
[ao pôr do sol,
É dele quando ele bem quer.

Só não é dele a tua tristeza.
Tristeza dos que perderam o gosto de viver.
Dos que a vida traiu impiedosamente.
Tristeza de criança que se deve afagar e acalentar.
(A minha tristeza também!...)
Só não é dele a tua tristeza, ó minha triste amiga!
Porque ele não a quer.

(*O ritmo dissoluto*)

MULHERES

Como as mulheres são lindas!
Inútil pensar que é do vestido...
E depois não há só as bonitas:
Há também as simpáticas.
E as feias, certas feias em cujos olhos vejo isto:
Uma menininha que é batida e pisada e nunca sai da
[cozinha.

Como deve ser bom gostar de uma feia!
O meu amor porém não tem bondade alguma.
É fraco! fraco!
Meu Deus, eu amo como as criancinhas...

És linda como uma história da carochinha...
E eu preciso de ti como precisava de mamãe e papai
(No tempo em que pensava que os ladrões moravam no
[morro atrás de casa e tinham cara de pau).

(*Libertinagem*)

NAMORADOS[1]

O rapaz chegou-se para junto da moça e disse:
— Antônia, ainda não me acostumei com o seu corpo,
[com a sua cara.

A moça olhou de lado e esperou.

— Você não sabe quando a gente é criança e de repente
[vê uma lagarta listada?

A moça se lembrava:
— A gente fica olhando...

A meninice brincou de novo nos olhos dela.

O rapaz prosseguiu com muita doçura:
— Antônia, você parece uma lagarta listada.

A moça arregalou os olhos, fez exclamações.

O rapaz concluiu:
— Antônia, você é engraçada! Você parece louca.

(*Libertinagem*)

---

[1]A dialogação, as palavras, parecem querer ocultar os gestos, a entonação, a ânsia dos namorados, que, em realidade, nada precisam dizer, mas que realmente falam, procurando — com certas palavras de valor especialíssimo pelo simbolismo íntimo — recriar verbalmente o mundo de excitações dos gestos do corpo inteiro.

Essas situações, aliás, não são raras na literatura, porque também não o são na realidade. Em *Dom Casmurro*, de Machado de Assis, encontramos um episódio que muito se aproxima desse de Manuel Bandeira, e que revela a universal atitude dos adolescentes: "Entretanto, a matéria das nossas conversações era a de sempre. Capitu chamava-me às vezes bonito, mocetão, uma flor; outras pegava-me nas mãos para contar-me os dedos. E comecei a recordar esses e outros gestos e palavras, o prazer que sentia quando ela me passava a mão pelos cabelos, dizendo que os achava lindíssimos. Eu, sem fazer o mesmo aos dela, dizia que os dela eram muito mais lindos que os meus. Então Capitu abanava a cabeça com uma expressão de desengano e melancolia, tanto mais de espanto, quanto que tinha os cabelos realmente admiráveis; mas eu retorquia chamando-lhe maluca."

PORQUINHO-DA-ÍNDIA

Quando eu tinha seis anos
Ganhei um porquinho-da-índia.
Que dor de coração me dava
Porque o bichinho só queria estar debaixo do fogão!
Levava ele[1] pra sala
Pra os lugares mais bonitos mais limpinhos
Ele não gostava:
Queria era estar debaixo do fogão.
Não fazia caso nenhum das minhas ternurinhas...

— O meu porquinho-da-índia foi a minha primeira
[namorada.

(*Libertinagem*)

---

[1]Uso de *ele* como complemento direto, que alguns consideram brasileirismo empregado na linguagem falada e que os modernistas transcreveram literariamente, mas que realmente "é a sintaxe do português arcaico". (Sousa da Silveira)

MADRIGAL TÃO ENGRAÇADINHO[1]

Teresa, você é a coisa mais bonita que eu vi até hoje na minha vida, inclusive o porquinho-da-índia que me deram quando eu tinha seis anos.

(*Libertinagem*)

[1]Em "Porquinho-da-índia", o poeta revela a sua capacidade de amar a vida e o mundo pelas suas coisas singelas, ao mesmo passo que aponta, sem rancor, a ingratidão desse mesmo mundo, dessa mesma vida, lhe recusando até a aceitação do seu amor simples e terno. A figura do porquinho-da-índia é tão importante como ressonância infantil, que serviu de elemento de valorização da figura feminina real que mais tarde surgiria em sua vida: "Madrigal tão engraçadinho". Se bem que dois poemas, o segundo era, em sua origem, o último verso do primeiro.

A ESTRELA E O ANJO

Vésper caiu cheia de pudor na minha cama
Vésper em cuja ardência não havia a menor parcela de
[sensualidade

Enquanto eu gritava o seu nome três vezes
Dois grandes botões de rosa murcharam

E o meu anjo da guarda quedou-se de mãos postas no
[desejo insatisfeito de Deus.

(*Estrela da manhã*)

PISCINA

Que silêncio enorme!
Na piscina verde
Gorgoleja trépida
A água da carranca.

Só a lua se banha
— Lua gorda e branca —
Na piscina verde.
Como a lua é branca!

Corre um arrepio
Silenciosamente
Na piscina verde:
Lua ela não quer.

Ah o que ela quer
A piscina verde
É o corpo queimado
De certa mulher
Que jamais se banha
Na espadana branca
Da água da carranca.

Petrópolis, 25/3/1943 (*Lira dos cinqüent'anos*)

ARTE DE AMAR

Se queres sentir a felicidade de amar, esquece a tua alma.
A alma é que estraga o amor.
Só em Deus ela pode encontrar satisfação.
Não noutra alma.
Só em Deus — ou fora do mundo.

As almas são incomunicáveis.

Deixa o teu corpo entender-se com outro corpo.

Porque os corpos se entendem, mas as almas não.

(*Belo belo*)

IRMÃ

Irmã — que outra expressão, por mais que a tente
Achar, poderei dar-te? —, em teu ouvido
Quero a queixa vazar confiantemente
Desta vida sem cor e sem sentido.

Amei outras mulheres, mas a urgente
Compreensão, sem a qual, por mais subido,
Falece o amor, esteve sempre ausente.
Em nenhuma encontrei o bem querido.

Em ti tudo é perfeito e incomparável.
E tudo o que de injusto e duro e amargo
Sofri, vieste delir com o teu carinho:

Com esse frescor de fruta desejável;
Com esse gris de teus olhos, que do largo
Me traz o ar sem mistura, o sal marinho.

(*Estrela da tarde*)

PENSÃO FAMILIAR[1]

Jardim da pensãozinha burguesa.
Gatos espapaçados ao sol.
A tiririca sitia os canteiros chatos.
O sol acaba de crestar as boninas que murcharam.
Os girassóis
                    amarelo![2]
                                        resistem.
E as dálias, rechonchudas, plebéias, dominicais.

Um gatinho faz pipi.
Com gestos de garçom de restaurant-Palace
Encobre cuidadosamente a mijadinha.
Sai vibrando com elegância a patinha direita:
— É a única criatura fina na pensãozinha burguesa.

Petrópolis, 1925 (*Libertinagem*)

---

[1]Forma interjeicional do adjetivo para dar ênfase ao impacto da cor; por isso no singular.

[2]As cenas da vida cotidiana proporcionam ao poeta motivos de reflexão íntima, contudo, julgamentos de humor sobre a conduta da humanidade. Só os gatos e ele sabem apreciar o encanto das flores e do sol: os gatos correndo entre as flores e se esquentando ao sol, o poeta capaz de olhá-los como seres do mundo. Ainda quando, flores, gatos e sol, na paisagem do jardim, nada importem para o progresso material da sociedade. E o poeta derrama seu humor sobre a mentalidade dominante.

MENINOS CARVOEIROS[1]

Os meninos carvoeiros
Passam a caminho da cidade.
— Eh, carvoero![2]
E vão tocando os animais com um relho enorme.

Os burros são magrinhos e velhos.
Cada um leva seis sacos de carvão de lenha.
A aniagem é toda remendada.
Os carvões caem.

(Pela boca da noite vem uma velhinha que os recolhe,
[dobrando-se com um gemido.)

— Eh, carvoero!
Só mesmo estas crianças raquíticas
Vão bem com estes burrinhos descadeirados.
A madrugada ingênua parece feita para eles...
Pequenina, ingênua miséria!
Adoráveis carvoeirinhos que trabalhais como se brincásseis!

— Eh, carvoero!

---

[1]Poesia do cotidiano e da infância, tangenciando a temática social, todavia, sem perda do lirismo característico do poeta.
[2]Fixação gráfica da pronúncia defeituosa do pregão dos meninos vendedores de carvão.

Quando voltam, vêm mordendo num pão encarvoado,
Encarapitados nas alimárias,
Apostando corrida,
Dançando, bamboleando nas cangalhas como espantalhos,
[desamparados!

Petrópolis, 1921 (O *ritmo dissoluto*)

CAMELÔS

Abençoado seja o camelô dos brinquedos de tostão:
O que vende balõezinhos de cor
O macaquinho que trepa no coqueiro
O cachorrinho que bate com o rabo
Os homenzinhos que jogam boxe
A perereca verde que de repente dá um pulo que engraçado
E as canetinhas-tinteiro que jamais escreverão coisa alguma
Alegria das calçadas.

Uns falam pelos cotovelos:
— "O cavalheiro chega em casa e diz: 'Meu filho, vai
[buscar um pedaço de banana para eu acender
[o charuto.' Naturalmente o menino pensará:
['Papai está malu...'"

Outros, coitados, têm a língua atada.

Todos porém sabem mexer nos cordéis com o tino
[ingênuo de demiurgos de inutilidades.
E ensinam no tumulto das ruas os mitos heróicos da
[meninice...
E dão aos homens que passam preocupados ou tristes uma
[lição de infância.

(*Libertinagem*)

RUÇO[1]

Muda e sem trégua
Galopa a névoa, galopa a névoa.[2]

Minha janela desmantelada
Dá para o vale do desalento.
Sombrio vale! Não vejo nada
Senão a névoa que toca o vento.[3]

Lá vão os dias de minha infância
— Imagens rotas que se desmancham:

O vento do largo na praia,
O meu vestidinho de saia,

Aquele corvo,[4] o vôo torvo,
O meu destino aquele corvo!

O que eu cuidava do mundo mau!
Os ladrões com cara de pau![5]

---

[1]A paisagem em turbilhão, a alma em turbilhão como a paisagem e o desvelar das ressonâncias infantis naquele momento de angústia.

[2]O significado do verbo conduz à visualização do movimento em turbilhão característico do ruço.

[3]Inversão sintática, objeto-verbo-sujeito, em obediência ao esquema das rimas, e na qual é valorizado, também, o ritmo das aliterações.

[4]Referência evidente ao corvo do poema de Edgar Allan Poe.

[5]No texto, com sentido de *cara que amedronta as crianças*, e não *cara inexpressiva* ou *indivíduo cínico*, conforme os dicionários consignam. No poema *Mulheres*, também de Manuel Bandeira, lê-se: "(No tempo em que pensava que os ladrões moravam no morro atrás de casa e tinham cara de pau)", e em "Infância": Medo de gatunos... /Para mim eram homens com cara de pau."

As histórias que faziam sonhar;
E os livros: *Simplício olha pra o ar,*

João Felpudo, Viagem à roda do mundo
Numa casquinha de noz.

A nossa infância, ó minha irmã, tão longe de nós!

(*A cinza das horas*)

EVOCAÇÃO DO RECIFE[1]

Recife
Não a Veneza americana[2]
Não a Mauritsstad[3] dos armadores das Índias Ocidentais
Não o Recife dos Mascates[4]
Nem mesmo o Recife que aprendi a amar depois —
[Recife das revoluções libertárias
Mas o Recife sem história nem literatura
Recife sem mais nada
Recife da minha infância

A Rua da União onde eu brincava de chicote-queimado e
[partia as vidraças da casa de Dona Aninha Viegas
Totônio Rodrigues era muito velho e botava o pincenê na
[ponta do nariz

---

[1]Pelas recordações que expressa no correr do poema, sente-se que o poeta abisma-se em encontrar, também no Recife, os fatores que determinaram uma redução dos meios de poder o homem atingir a plena felicidade, porquanto ali, ao mesmo tempo em que desapareciam os antigos valores locais capazes de produzir encantamento, surgiam outros prejudiciais à satisfação mental e espiritual do homem. Daí dominar, no epílogo, a idéia de morte: a do avô, a do Recife e a do poeta, mesmo continuando vivo, contudo morto para o mundo. — A enumeração abundante de nomes, de lugares e pessoas, pode ser chamada de recurso da poesia dos nomes: palavras que por si mesmas transmitem poesia através da carga tradicional dos seus significados. Nesse poema encontra-se a denominada mitologia de Manuel Bandeira.

[2]Cognome ufanista dado ao Recife pela suposta semelhança com a cidade italiana.

[3]Cidade Maurícia — de Maurício de Nassau.

[4]"Em Pernambuco definira-se o antagonismo entre o patriciado rústico das casas-grandes da zona chamada da mata e a burguesia dos sobrados do Recife — esta prestigiada pelo Rei, já desunido dos senhores de engenho, seus aliados de outrora, e aquela pelo alto clero — na guerra civil chamada dos Mascates." (Gilberto Freyre)

Depois do jantar as famílias tomavam a calçada com
[cadeiras, mexericos, namoros, risadas

A gente brincava no meio da rua
Os meninos gritavam:

Coelho sai!
Não sai!

À distância as vozes macias das meninas politonavam:

Roseira dá-me uma rosa
Craveiro dá-me um botão[5]

(Dessas rosas muita rosa
Terá morrido em botão...)

De repente
nos longes da noite
um sino
Uma pessoa grande dizia:
Fogo em Santo Antônio!
Outra contrariava: São José!
Totônio Rodrigues achava sempre que era São José.
Os homens punham o chapéu saíam fumando
E eu tinha raiva de ser menino porque não podia ir ver o
[fogo

Rua da União...
Como eram lindos os nomes das ruas da minha infância
Rua do Sol

---

[5]Os versos da cantiga devem ser lidos com entonação de canto; o próprio poeta assim procede na gravação que fez do poema.

(Tenho medo que hoje se chame do Dr. Fulano de Tal)
Atrás de casa ficava a Rua da Saudade...
... onde se ia fumar escondido
Do lado de lá era o cais da Rua da Aurora...
... onde se ia pescar escondido
Capiberibe
— Capibaribe[6]
Lá longe o sertãozinho de Caxangá
Banheiros de palha

Um dia eu vi uma moça nuinha no banho
Fiquei parado o coração batendo
Ela se riu
Foi o meu primeiro alumbramento

Cheia! As cheias! Barro boi morto árvores destroços
[redomoinho sumiu
E nos pegões da ponte do trem de ferro os caboclos
[destemidos em jangadas de bananeiras
Novenas
Cavalhadas
Eu me deitei no colo da menina e ela começou a passar a
[mão nos meus cabelos
Capiberibe
— Capibaribe[6]

Rua da União onde todas as tardes passava a preta das bananas
Com o xale vistoso de pano da Costa

[6-6] Utilização da divergência das pronúncias erudita e popular para estabelecer a marcação rítmica sincopada (ver p. 37-38).

E o vendedor de roletes de cana
O de amendoim
        que se chamava midubim e não era torrado era cozido

Me lembro de todos os pregões:
        Ovos frescos e baratos
        Dez ovos por uma pataca
Foi há muito tempo...

A vida não me chegava pelos jornais nem pelos livros
Vinha da boca do povo na língua errada do povo
Língua certa do povo
Porque ele é que fala gostoso o português do Brasil[7]
        Ao passo que nós
        O que fazemos
        É macaquear
        A sintaxe lusíada
A vida com uma porção de coisas que eu não entendia bem
Terras que não sabia onde ficavam

Recife...
        Rua da União...
                A casa de meu avô...
Nunca pensei que ela acabasse!
Tudo lá parecia impregnado de eternidade

Recife...
        Meu avô morto.
Recife morto, Recife bom, Recife brasileiro como a casa de
                                        [meu avô

Rio, 1925 (*Libertinagem*)

---

[7]Manuel Bandeira não pertencia à corrente que sustentava a existência de uma língua brasileira: o seu ponto de vista era o do abrasileiramento do português literário.

PROFUNDAMENTE[1]

Quando ontem adormeci
Na noite de São João
Havia alegria e rumor
Estrondos de bombas luzes de Bengala
Vozes cantigas e risos
Ao pé das fogueiras acesas.

No meio da noite despertei
Não ouvi mais vozes nem risos
Apenas balões
Passavam errantes
Silenciosamente
Apenas de vez em quando
O ruído de um bonde
Cortava o silêncio
Como um túnel.
Onde estavam os que há pouco
Dançavam
Cantavam
E riam
Ao pé das fogueiras acesas?

---

[1]Em poucos poemas uma palavra sobressai tanto, a ponto de impor um determinado sentido a toda a composição: *profundamente*. Ela traz em si o próprio significado da morte. Numa visão de sua vida, em que o tempo matemático não importa, pois o *ontem* do primeiro verso tanto serve à véspera do seu despertar, na infância, para o quadro perdido pelo seu adormecer, quanto para o seu despertar, depois de adulto, para o mundo, ambos já vazios de vozes, o poeta associa, numa só sensação de vácuo, aqueles momentos em que pressentiu encontrar-se sozinho em face da noite silenciosa, fosse porque todos dormissem na noite de sua lembrança (21º e 22º versos) ou na noite de sua vida (35º e 36º) ou em ambas.

— Estavam todos dormindo
Estavam todos deitados
Dormindo
Profundamente

*

Quando eu tinha seis anos
Não pude ver o fim da festa de São João
Porque adormeci

Hoje não ouço mais as vozes daquele tempo
Minha avó
Meu avô
Totônio Rodrigues
Tomásia
Rosa
Onde estão todos eles?
— Estão todos dormindo
Estão todos deitados
Dormindo
Profundamente.

(*Libertinagem*)

QUANDO PERDERES O GOSTO[1] HUMILDE DA TRISTEZA

Quando perderes o gosto humilde da tristeza,
Quando, nas horas melancólicas do dia,
Não ouvires mais os lábios da sombra
Murmurarem ao teu ouvido
As palavras de voluptuosa beleza
Ou de casta sabedoria;

Quando a tua tristeza não for mais que amargura,
Quando perderes todo estímulo e toda crença,
— A fé no bem e na virtude,
A confiança nos teus amigos e na tua amante,
Quando o próprio dia se te mudar em noite escura
De desconsolação e malquerença;

Quando, na agonia de tudo o que passa
Ante os olhos imóveis do infinito,
Na dor de ver murcharem as rosas,
E como as rosas tudo o que é belo e frágil,
Não sentires em teu ânimo aflito
Crescer a ânsia de vida como uma divina graça;

---

[1]Repetindo oito vezes (excluído o título), anaforicamente, a conjunção *quando*, o poeta enuncia as situações que, ocorridas, importarão no fim de tudo quanto é humano no ser que, assim, não precisará mais viver; a mesma sensação de vida extinta sentida ante a morte daquela de onde o ser foi concebido.

Quando tiveres inveja, quando o ciúme
Crestar os últimos lírios de tua alma desvirginada;
Quando em teus olhos áridos
Estancarem-se as fontes das suaves lágrimas
Em que se amorteceu o pecaminoso lume
De tua inquieta mocidade:

Então, sorri pela última vez, tristemente,
A tudo o que outrora
Amaste. Sorri tristemente
Sorri mansamente... em um sorriso pálido... pálido
Como o beijo religioso que puseste
Na fronte morta de tua mãe... sobre a sua fronte morta...

(*O ritmo dissoluto*)

O ÚLTIMO POEMA[1]

Assim eu quereria o meu último poema

Que fosse terno dizendo as coisas mais simples e menos
[intencionais
Que fosse ardente como um soluço sem lágrimas
Que tivesse a beleza das flores quase sem perfume
A pureza da chama em que se consomem os diamantes
[mais límpidos
A paixão dos suicidas que se matam sem explicação.

(*Libertinagem*)

[1]Merece especial atenção o uso que faz o poeta de clichês comuns à lírica de todos os tempos, não obstante, sem o abastardamento da poesia. Isto se deve, sobretudo, à enumeração de imagens díspares, todas confluindo para um só sentido emocional por sua vez diverso dos significados de cada uma dessas imagens isoladas.

MOMENTO NUM CAFÉ[1]

Quando o enterro passou
Os homens que se achavam no café
Tiraram o chapéu maquinalmente
Saudavam o morto distraídos
Estavam todos voltados para a vida
Absortos na vida
Confiantes da vida.

Um no entanto se descobriu num gesto largo e demorado
Olhando o esquife longamente
Este sabia que a vida é uma agitação feroz e sem finalidade
Que a vida é traição
E saudava a matéria que passava
Liberta para sempre da alma extinta.

(*Estrela da manhã*)

[1]O poeta transfere para o poema a imagem dos gestos, simbolizando duas atitudes em relação à vida e à morte. A dos que encaram o problema rotineiramente, felizes porque o não percebem, e o dos que meditam sobre a natureza da vida e da morte.

A MORTE ABSOLUTA

Morrer.
Morrer de corpo e de alma.
Completamente.

Morrer sem deixar o triste despojo da carne,
A exangue máscara de cera,
Cercada de flores,
Que apodrecerão — felizes! — num dia,
Banhada de lágrimas
Nascidas menos da saudade do que do espanto da morte.

Morrer sem deixar porventura uma alma errante...
A caminho do céu?
Mas que céu pode satisfazer teu sonho de céu?

Morrer sem deixar um sulco, um risco, uma sombra,
A lembrança de uma sombra
Em nenhum coração, em nenhum pensamento,
Em nenhuma epiderme.

Morrer tão completamente
Que um dia ao lerem o teu nome num papel
Perguntem: "Quem foi?..."

Morrer mais completamente ainda,
— Sem deixar sequer esse nome.

(*Lira dos cinqüent'anos*)

CONSOADA[1]

Quando a Indesejada das gentes chegar
(Não sei se dura ou caroável),
Talvez eu tenha medo.
Talvez sorria, ou diga:
— Alô, iniludível!
O meu dia foi bom, pode a noite descer.
(A noite com os seus sortilégios.)
Encontrará lavrado o campo, a casa limpa,
A mesa posta,
Com cada coisa em seu lugar.

(*Opus 10*)

[1]A impressão que o poeta dá é a de haver transposto a barreira da Vida. Sua intimidade com a Morte atinge a um estágio excepcional. Aceita-a, sem desejá-la. Não há malquerenças. Diante da morte é o sapo-cururu de sempre: incurável lírico. Tranqüilamente aguarda-a como a uma visita. — É interessante notar-se que ele cria a atmosfera da presença da morte, sem usar uma só vez as palavras *morte, morrer* ou semelhantes. Ela é a *Indesejada das gentes*, a *iniludível*, a *noite com seus sortilégios*.

PREPARAÇÃO PARA A MORTE[1]

A vida é um milagre.
Cada flor,
Com sua forma, sua cor, seu aroma,
Cada flor é um milagre.
Cada pássaro,
Com sua plumagem, seu vôo, seu canto,
Cada pássaro é um milagre.
O espaço, infinito,
O espaço é um milagre.
O tempo, infinito,
O tempo é um milagre.
A memória é um milagre.
A consciência é um milagre.
Tudo é milagre.
Tudo, menos a morte.
— Bendita a morte, que é o fim de todos os milagres.

(*Estrela da tarde*)

[1]O poema nasceu, disse o poeta, já não apenas em face da morte poder acontecer, mas diante da certeza da sua proximidade, pelo inarredável desígnio dos anos. Meditando sobre a morte, encarou o milagre da vida: o que é da natureza e não o que foge dela. Abraça-se à transcendência do criador do mundo, ainda que despreocupado das casualidades lógicas, para considerar extraordinária a sua obra, tanto assim que milagre. Busca uma explicação para o fenômeno vida e pela primeira vez em sua alma se apercebe certa reação contra o fenômeno morte, o único que escapa à grandeza de todos os outros, tanto assim que é o único que não é milagre, ainda quando termine o poema considerando a morte bendita. E se assim o diz, não o faz por dela se agradar, mas numa atitude de aceitação do ato conclusivo do criador de tudo, pelo reconhecimento que lhe tem, dada a circunstância de lhe haver permitido participar do grande milagre da vida.

A MÁRIO DE ANDRADE AUSENTE

Anunciaram que você morreu.
Meus olhos, meus ouvidos testemunham:
A alma profunda, não.
Por isso não sinto agora a sua falta.

Sei bem que ela virá
(Pela força persuasiva do tempo).
Virá súbito um dia,
Inadvertida para os demais.

Por exemplo assim:
À mesa conversarão de uma coisa e outra,
Uma palavra lançada à toa
Baterá na franja dos lutos de sangue,
Alguém perguntará em que estou pensando,
Sorrirei sem dizer que em você
Profundamente.

Mas agora não sinto a sua falta.

(É sempre assim quando o ausente
Partiu sem se despedir:
Você não se despediu.)

Você não morreu: ausentou-se.
Direi: Faz tempo que ele não escreve.
Irei a São Paulo: você não virá ao meu hotel.
Imaginarei: Está na chacrinha de São Roque.
Saberei que não, você ausentou-se. Para outra vida?
A vida é uma só. A sua continua
Na vida que você viveu.
Por isso não sinto agora a sua falta.

(*Belo belo*)

OVALLE

Estavas bem mudado.
Como se tivesses posto aquelas barbas brancas
Para entrar com maior decoro a Eternidade.

Nada de nós te interessava agora.
Calavas sereno e grave
Como no fundo foste sempre
Sob as fantasias verbais enormes
Que faziam rir os teus amigos e
Punham bondade no coração dos maus.

O padre orava:
— "O coro de todos os anjos te receba..."
Pensei comigo:
Cantando "Estrela brilhante
Lá do alto-mar!..."

Levamos-te cansado ao teu último endereço.
Vi com prazer
Que um dia afinal seremos vizinhos.
Conversaremos longamente
De sepultura a sepultura
No silêncio das madrugadas
Quando o orvalho pingar sem ruído
E o luar for uma coisa só.

(*Estrela da tarde*)

IRENE NO CÉU

Irene preta
Irene boa
Irene sempre de bom humor.

Imagino Irene entrando no céu:
— Licença, meu branco!
E São Pedro bonachão:
— Entra, Irene. Você não precisa pedir licença.[1]

(*Libertinagem*)

[1]"*Entra*, como se sabe, é gramaticalmente da 2ª pessoa do singular, e *você* da 3ª pessoa. Todavia, as formas subjetivas com valor imperativo são substituídas, na linguagem oral brasileira, pelas do indicativo. *Entra*, por conseguinte, em vez de 2ª pessoa do singular pode ser uma terceira pessoa do singular do presente do indicativo, com valor exortativo. Nesse caso não haveria discordância." (Sílvio Elia)

PROGRAMA PARA DEPOIS DE MINHA MORTE[1]

... esta outra vida de aquém-túmulo.

Guimarães Rosa

Depois de morto, quando eu chegar ao outro mundo,
Primeiro quererei beijar meus pais, meus irmãos, meus
[avós, meus tios, meus primos.
Depois irei abraçar longamente uns amigos — Vasconcelos,
[Ovalle, Mário...
Gostaria ainda de me avistar com o santo Francisco de Assis.
Mas quem sou eu? Não mereço.
Isto feito, me abismarei na contemplação de Deus e de sua
[glória,
Esquecido para sempre de todas as delícias, dores,
[perplexidades
Desta outra vida de aquém-túmulo.

(*Estrela da tarde*)

[1]Em "Irene no céu" e "Programa para depois de minha morte", prevalece a idéia da possibilidade da convivência íntima e feliz com a idéia da morte. Esta configurada no Céu, onde antes entrara *Irene* e depois o próprio poeta entraria. E ele imagina a confortante participação das alegrias de uma vida *post-mortem* para os simples e para os poetas, ao lado dos santos, tão natural quanto tenha sido a vida neste mundo.

O BICHO[1]

Vi ontem um bicho
Na imundície do pátio
Catando comida entre os detritos.

Quando achava alguma coisa,
Não examinava nem cheirava:
Engolia com voracidade.

O bicho não era um cão,
Não era um gato,
Não era um rato.

O bicho, meu Deus, era um homem.

Rio, 27/12/1947 (*Belo belo*)

---

[1]O poeta penetra a temática da poesia social, contudo, sua apreciação é lírica. O sofrimento não é o do homem, mas o do poeta, ele mesmo. Por isso, sem protesto, sem investir contra a miséria, nem contra as classes dominantes, o poeta sofre por ver tão rebaixada a condição do homem.

O CACTO

Aquele cacto lembrava os gestos desesperados da estatuária:
Laocoonte[1] constrangido pelas serpentes,
Ugolino[2] e os filhos esfaimados.
Evocava também o seco Nordeste, carnaubais, caatingas...
Era enorme, mesmo para esta terra de feracidades
[excepcionais.

Um dia um tufão furibundo abateu-o pela raiz.
O cacto tombou atravessado na rua,
Quebrou os beirais do casario fronteiro,
Impediu o trânsito de bondes, automóveis, carroças,
Arrebentou os cabos elétricos e durante vinte e quatro
[horas privou a cidade de iluminação e energia:

— Era belo, áspero, intratável.

Petrópolis, 1925 (*Libertinagem*)

---

[1]Herói de Tróia, morto sufocado por serpentes, em virtude de punição dos deuses protetores dos gregos, pelo fato de haver aconselhado aos troianos que não levassem para dentro das muralhas o famoso cavalo de madeira.
[2]Um dos mais terríveis tiranos da Itália, do século XIII, imortalizado por Dante, devido à descrição de sua punição no Inferno ser uma das mais belas passagens da *Divina comédia*.

VOU-ME EMBORA PRA PASÁRGADA[1]

Vou-me embora pra Pasárgada[2]
Lá sou amigo do rei
Lá tenho a mulher que eu quero
Na cama que escolherei
Vou-me embora pra Pasárgada

Vou-me embora pra Pasárgada
Aqui eu não sou feliz
Lá a existência é uma aventura
De tal modo inconseqüente
Que Joana a Louca de Espanha
Rainha e falsa demente
Vem a ser contraparente
Da nora que nunca tive

E como farei ginástica
Andarei de bicicleta
Montarei em burro brabo
Subirei no pau-de-sebo
Tomarei banhos de mar!

---

[1]Homens há que conseguem transformar em realizações, capazes de satisfazer as suas necessidades espirituais, todos os instantes da vida cotidiana. Outros não o conseguem e a vida diária se lhes torna insípida se vivida apenas dentro dos seus estreitos limites. Buscam, então, a libertação dessa insipidez, ou da trágica realidade que os mantêm incompletos como homens *práticos*; buscam libertação nas formas do sonho, transplantando para o futuro imaginário todos os desejos que trazem recalcados na memória.

[2]Ver p. 28.

E quando estiver cansado
Deito na beira do rio
Mando chamar a mãe-d'água
Pra me contar as histórias
Que no tempo de eu menino
Rosa vinha me contar
Vou-me embora pra Pasárgada

Em Pasárgada tem tudo
É outra civilização
Tem um processo seguro
De impedir a concepção
Tem telefone automático
Tem alcalóide à vontade
Tem prostitutas bonitas
Para a gente namorar

E quando eu estiver mais triste
Mas triste de não ter jeito
Quando de noite me der
Vontade de me matar
— Lá sou amigo do rei —
Terei a mulher que eu quero
Na cama que escolherei
Vou-me embora pra Pasárgada.

(*Libertinagem*)

POEMA DO BECO[1]

Que importa a paisagem, a Glória, a baía, a linha do horizonte?
— O que eu vejo é o beco.

1933 (*Estrela da manhã*)

[1]Lê-se em *Itinerário de Pasárgada*:

> Da janela do meu quarto em Morais e Vale podia eu contemplar a paisagem... como que dentro dela: as copas das árvores do Passeio Público, a capelinha da Glória do Outeiro... No entanto quando chegava à janela, o que me retinha os olhos, e a meditação, não era nada disso: era o becozinho sujo embaixo, onde vivia tanta gente pobre — lavadeiras e costureiras, fotógrafos do Passeio Público, garçons de cafés.

Durante muito tempo sofreu o poeta a crítica conseqüente da incompreensão resultante quer da fraca sensibilidade de muitos quer do pequeno e não desejado esforço de atingir a essência do poético numa composição que se afastava completamente dos cânones ainda preferidos pela maioria leiga, apesar da revolução modernista. Passados os anos, porém, o pequeno poema, que ficara gravado em todas as memórias, em grande parte em virtude do próprio combate a ele feito (fenômeno semelhante ao ocorrido com "No meio do caminho" de Carlos Drummond de Andrade) passou a ser compreendido melhor e talvez amado por muitos dos que, antes, dele zombavam, sobretudo em virtude das luzes trazidas pela publicação da "Última canção do beco", onde o poeta quase minuciosamente expõe o significado espiritual daquela palavra *beco*, deixada envolta em mistério no seu "*... dístico/Cheio de elipses mentais*".

ÚLTIMA CANÇÃO DO BECO[1]

Beco que cantei num dístico
Cheio de elipses mentais,
Beco das minhas tristezas,
Das minhas perplexidades
(Mas também dos meus amores,
Dos meus beijos, dos meus sonhos),
Adeus para nunca mais!

Vão demolir esta casa.
Mas meu quarto vai ficar,
Não como forma imperfeita
Neste mundo de aparências:
Vai ficar na eternidade,
Com seus livros, com seus quadros,
Intacto, suspenso no ar!

Beco de sarças de fogo,
De paixões sem amanhãs,

---

[1]Antes, a paisagem da Lapa só o impressionava pelos aspectos negativos dos seus elementos, enchendo de pessimismo sua alma; após a sua completa integração no ambiente, descobriu valores extraordinários que lhe iriam permitir revelar, conforme assinala Otto Maria Carpeaux, através dos "tristes lugares-comuns da vida cotidiana... a visão dos destinos humanos". E o poeta mostra a vivência daquela paisagem, povoada para a memória e para os olhos, de prostitutas e santas, em esplendor e em pobreza, em pecado e em pureza, paisagem que permaneceria na eternidade, tanto quanto o seu quarto, onde também vivera as suas tristezas e perplexidades, os seus amores e sonhos.

Quanta luz mediterrânea
No esplendor da adolescência
Não recolheu nestas pedras
O orvalho das madrugadas,
A pureza das manhãs!

Beco das minhas tristezas.
Não me envergonhei de ti!
Foste rua de mulheres?
Todas são filhas de Deus!
Dantes foram carmelitas...
E eras só de pobres quando,
Pobre, vim morar aqui.

Lapa — Lapa do Desterro —,
Lapa que tanto pecais!
(Mas quando bate seis horas,
Na primeira voz dos sinos,
Como na voz que anunciava
A conceição de Maria,
Que graças angelicais!)

Nossa Senhora do Carmo,
De lá de cima do altar,
Pede esmolas para os pobres,
— Para mulheres tão tristes,
Para mulheres tão negras,
Que vêm nas portas do templo
De noite se agasalhar.

Beco que nasceste à sombra
De paredes conventuais,
És como a vida, que é santa
Pesar de todas as quedas.
Por isso te amei constante
E canto para dizer-te
Adeus para nunca mais!

25/3/1942 (*Lira dos cinqüent'anos*)

TEMA E VOLTAS

Mas para quê
Tanto sofrimento,
Se nos céus há o lento
Deslizar da noite?

Mas para quê
Tanto sofrimento,
Se lá fora o vento
É um canto na noite?

Mas para quê
Tanto sofrimento,
Se agora, ao relento,
Cheira a flor da noite?

Mas para quê
Tanto sofrimento,
Se o meu pensamento
É livre na noite?

(*Belo belo*)

CANÇÃO DO VENTO E DA MINHA VIDA

O vento varria as folhas,
O vento varria os frutos,
O vento varria as flores...
    E a minha vida ficava
    Cada vez mais cheia
    De frutos, de flores, de folhas.

O vento varria as luzes
O vento varria as músicas,
O vento varria os aromas...
    E a minha vida ficava
    Cada vez mais cheia
    De aromas, de estrelas, de cânticos.

O vento varria os sonhos
E varria as amizades...
O vento varria as mulheres.
    E a minha vida ficava
    Cada vez mais cheia
    De afetos e de mulheres.

O vento varria os meses
E varria os teus sorrisos...
O vento varria tudo!
    E a minha vida ficava
    Cada vez mais cheia
    De tudo.

(*Lira dos cinqüent'anos*)

COTOVIA[1]

— Alô, cotovia!
Aonde voaste,
Por onde andaste,
Que tantas saudades me deixaste?

— Andei onde deu o vento.
Onde foi meu pensamento.
Em sítios, que nunca viste,
De um país que não existe...
Voltei, te trouxe a alegria.

— Muito contas, cotovia!
E que outras terras distantes
Visitaste? Dize ao triste.

— Líbia ardente, Cítia fria,
Europa, França, Bahia...[2]

---

[1]"Canção do vento e da minha vida" e "Cotovia", poemas de contextura e motivos diversos, têm, entretanto, o mesmo sentido dentro da evolução temática da obra de Manuel Bandeira. Em ambos, malgrado o desencanto, chega o poeta à conclusão de que a sua vida foi bem vivida. Já não se sente perdido em meio às atribulações do cotidiano, naquela repulsa ao ter que viver subordinado às injunções de uma sociedade urbana, econômica, antipoética. Não que o poeta se haja alienado. Nos poemas não há aceitação, mas não existe luta. Olha retrospectivamente. Superou o problema: manteve-se poeta e venceu. Construiu o seu mundo, onde recolheu a beleza do mundo dos homens, e nele encontrou todas as satisfações, inclusive a de se sentir útil àqueles que, desesperados ou não, iam procurar guarida em sua poesia.

[2]Do cancioneiro popular: "Oropa, França, Bahia".

— E esqueceste Pernambuco,
Distraída?

— Voei ao Recife, no cais
Pousei da Rua da Aurora.

— Aurora da minha vida,
Que os anos não trazem mais![3]

— Os anos não, nem os dias,
Que isso cabe às cotovias.
Meu bico é bem pequenino
Para o bem que é deste mundo:
Se enche com uma gota de água.
Mas sei torcer o destino,
Sei no espaço de um segundo
Limpar o pesar mais fundo.
Voei ao Recife, e dos longes
Das distâncias, aonde alcança
Só a asa da cotovia,
— Do mais remoto e perempto
Dos teus dias de criança
Te trouxe a extinta esperança,
Trouxe a perdida alegria.

(*Opus 10*)

---

[3]Versos do poema "Meus oito anos", de Casimiro de Abreu.

POEMA DO MAIS TRISTE MAIO

Meus amigos, meus inimigos,
Saibam todos que o velho bardo
Está agora, entre mil perigos,
Comendo, em vez de rosas, cardo.

Acabou-se a idade das rosas!
Das rosas, dos lírios, dos nardos
E outras espécies olorosas:
É chegado o tempo dos cardos.

E passada a sazão das rosas,
Tudo é vil, tudo é sáfio, árduo.
Nas longas horas dolorosas
Pungem fundo as puas do cardo.

As saudades não me consolam.
Antes ferem-me como dardos.
As companhias me desolam
E os versos que me vêm, vêm tardos.

Meus amigos, meus inimigos,
Saibam todos que o velho bardo
Está agora, entre mil perigos,
Comendo, em vez de rosas, cardo.

Maio, 1964 (*Estrela da tarde*)

APÊNDICE

O POETA ACIMA DA GUERRA E DO ÓDIO ENTRE OS HOMENS

EMANUEL DE MORAES

No exercício da profissão *de poeta*, a estréia de Manuel Bandeira se verificou num momento em que nem mesmo as simbolistas haviam conseguido libertar a poesia, no Brasil, dos discípulos fastidiosos da parnasianismo. Ele mesmo cometeria poemas parnasianos e simbolistas. Porém, só com o modernismo se sentiria completamente senhor dos seus dons. E superada essa fase, acompanharia a evolução dos movimentos poéticos nas suas variadas manifestações.

Transcende, contudo, a essa carreira pelas escolas, o fato de haver fundado na literatura brasileira um modo de entender a poesia.

Aos rumos antipoéticos tomados pelos que faziam poesia, Manuel Bandeira opôs o princípio — hoje lugar-comum — de que "em literatura a poesia está nas palavras, se faz com as palavras e não com idéias e sentimentos".

Se bem que precedido de Poe, Baudelaire e Mallarmé, que revigoraram assunto já versado em Aristóteles, que firmou sua doutrina poética na beleza da palavra, resultante do conjunto som e significado, e nos efeitos da disposição, foi inegavelmente Manuel Bandeira, entre nós, o primeiro a meditar sobre o problema. Meditou e realizou sua obra de acordo com esse entendimento e nessa meditação se encontram as raízes, se bem que seja evidente e decisiva a influência estrangeira, da poesia que, abertos os caminhos pelo modernismo, se iria projetar com as gerações denominadas pós-modernistas.

Ao negar, eventualmente, possuir as características de poeta do tipo consciente, não estaria negando a preocupação de escolha da palavra exata, até porque, conforme dizia em suas conversações sobre poesia, todo o verdadeiro poeta tem um inconsciente que se pode chamar paradoxalmente de consciente, levando-se em conta o armazenamento de conhecimentos e de técnicas através da meditação, da observação e do estudo. E, sendo ele um técnico, dos maiores da literatura brasileira, facilmente se compreenderá que, ainda quando em "transe ou alumbramento", para usar de expressões da sua confissão, as palavras e suas combinações e não os sentimentos ou emoções é que constituem objeto de sua preocupação de poeta.

A esse propósito vale citar o que a seu respeito disse Mário de Andrade: "Um escritor culto, um esteta, que sabe o dinamismo de um ritmo, o segredo de adequação de uma forma ao seu conteúdo, o valor da expressão lingüística exata, e o perigo de uma palavra em falso, capaz de sacrificar uma mensagem."

Com humildade, ele se considerava um poeta menor. A definição que encontramos para essa expressão, relativamente a Manuel Bandeira, é a de se tratar de um poeta de si mesmo, um lírico, restrito esse conceito à pura intimidade da alma do poeta. Em verdade, raros são os poemas em que apenas tangencia o intencionalismo social ou filosófico. Mesmo quando se realiza na sua maior constante, a morte, sua poesia é isenta de intenções ou conceitualismos. Diante dela não blasfema, não constrói mundos para superá-la, não a recebe com a grandiloqüência dos santos nem com o temor dos pecadores. Recebe-a docemente, como um fato perfeito na ordem natural das coisas.

O seu primeiro livro de poemas, *A cinza das horas*, mostra um poeta que, partindo do parnasianismo e do simbolismo, sem deixar-se envolver pelos falsos valores dessas escolas, encaminha-se para a revolução literária que iria ter como data simbólica o ano de 1922. Nele não se nota, porém, nenhum interesse remodelador de chefe de escola.

Aliás, não se pode dizer que qualquer dos seus livros revele esse interesse, mas, sim, que alguns de seus poemas indicam participação na batalha que se travou. Quem os lê, talvez se admire de a história da literatura não o apontar como padrinho intencional do modernismo (Mário de Andrade chamou-o de São João Batista), porque seus poemas importam, na verdade, em liderança. Todavia, não esteve o poeta diretamente intrometido na revolução, e, se este ou aquele poema constituem crítica direta ao academicismo que sufocara a poesia, não ousamos colocá-la dentro do espírito destruidor que caracterizou o movimento de renovação literária.

Na resenha que fez do modernismo, Peregrino Júnior apontou *Carnaval*, o seu segundo livro, sobretudo por causa do poema "Os sapos", entre os seus fundamentais precursores. Com efeito, as fórmulas parnasianas — escola dominante e que congelava as inovações simbolistas não permitindo a frutificação em poesia autêntica — se encontram satirizadas naquela composição, que bem traduz o espírito da época, descrito pelo mesmo Peregrino Júnior: "Estavam todos fatigados de sonetos hieráticos, de fórmulas congeladas. Um estado de saturação estética. Os valores envelhecidos do parnasianismo estavam caducos e peremptos."

Publicou depois, num só volume com os livros anteriores, *O ritmo dissoluto*. Esse título é evidentemente um grito de guerra. Dissoluto seria um grau de atitude mental do poeta dentro da revolução literária em processamento. A idéia dominante era a de irritar, abismar, afrontar os senhores da literatura, nada melhor, pois, que um nome agressivo para um livro lançado em pleno período de ebulição e que continha poemas tão desagradáveis aos ouvidos bitolados pelo parnasianismo.

A palavra *dissoluto* era, assim, o título adequado para a apresentação oficial do poeta modernista ao público. O movimento literário do qual fazia parte — ainda que desagrupado — exigia, à imitação dos seus predecessores europeus, atitudes extremadas, significativas do dilúvio que representavam. Deviam ser demônios fazendo literatura degenerada, assustando e agredindo pela originalidade, pois o público deveria ficar perplexo, incapaz de rapidamente realizar uma revisão de juízos.

Manuel Bandeira, que ao movimento precedera em idéias, com ele se confundiu. Com uma diferença essencial: enquanto muitos dos participantes da nova escola se perdiam em atitudes antipoéticas, jamais tal fato com ele ocorreu. Jamais traiu o conceito de poesia que com tanta lucidez antevira desde os seus primeiros momentos de poeta, permanecendo fiel aos elementos fundamentais da poesia, os elementos criadores da expressão poética, não perdendo o sentido lírico da poesia, perda que em inúmeros casos transformou criações do modernismo em evidente equívoco.

Libertinagem, o livro seguinte, é o ponto culminante de sua participação no movimento modernista. Não se trata mais de obra de transição para liberdades que a nova escola iria permitir. Usando de suas próprias palavras, é dos seus livros o "mais dentro da técnica e da estética do modernismo".

Se os seus livros anteriores já revelavam essa técnica e uma nova estética, em *Libertinagem* elas sobressaem com maior nitidez. Assim, com o verso-livre; o humor e suas extensões no *vers-blague* e no verso-piada; a liberdade de linguagem sem escravização à gramatiquice e sem subordinação à retórica dos formulários; a naturalidade, e a sinceridade de expressão, com o abandono da eloqüência inadequada ao gênero; a humanização pelo aproveitamento lírico do lugar-comum, da coisa e do fato cotidianos; a apropriação da poesia popular, sobretudo da sua ingenuidade, "a qualidade mais preciosa da arte popular", conforme foi por ele mesmo assinalado.

Com a publicação de *Estrela da manhã*, Manuel Bandeira, que nunca fora um espírito destruidor, colocou-se ao lado dos que traziam a intenção de construir e que passariam a ser chamados de "geração de 30". Referindo-se ao livro seguinte, *Lira dos cinquent'anos*, publicado no mesmo ano em que o poeta foi eleito para a Academia Brasileira de Letras, escreveu o crítico Sérgio Milliet: "Manuel Bandeira deu-nos o espetáculo de uma inspiração livre, tão livre que ousava voltar ao soneto e ao verso metrificado e rimado, sem preconceitos modernistas mas tampouco sem abandono de suas conquistas anteriores." De fato, comparando-se a nova fase com a precedente, nota-se, a cada momento, modificações nas tendências do poeta. O que ressalta, a partir de então, é a extrema liberdade. Já não apenas aquela liberdade de reação às formulações acadêmicas do parnasianismo, mas em relação à própria reação. A inspiração do poeta não encontrou mais limitações. Assim em *Belo belo*, *Opus 10* e finalmente *Estrela da tarde*.

Em conseqüência dessa atitude, foi Manuel Bandeira compreensivo, e de certa maneira participante, para com as tendências que apontariam na poesia brasileira. Enquanto, por exemplo, muitos não quiseram ver nos poetas da geração de 45 senão novos parnasianos, talvez piores do que os anteriores, pois rebuscados bizantinos, ele os compreendeu e situou-os, magnificamente, chamando-os de "geração que tem medo de dizer".[1] E é interessante notar que foi ele talvez o único poeta que em determinado momento não foi negado pela geração hermética. Pode-se dizer que a geração se sentia influenciada pelo grande mestre, sobretudo pela sua fidelidade ao lírico e a sua inadaptação ao intencionalismo. Além do mais, a mesma procura que se tornaria objetivo principal dessa geração, nele encontramos. Por isso, também se poderá dizer que tenha sido um precursor, porquanto foi o primeiro a vislumbrar, apenas parcialmente é certo, os caminhos novos que dominariam a poesia e, para alguns, foi fonte de inspiração, e, para todos, um desbravador, por ter tido a mesma sensação da necessidade de mudar os rumos da poética, cansada pelo abuso dos processos ligados ao modernismo.

Se dessa maneira pode ser situado Manuel Bandeira em face da geração de 45, bem diversa é, porém, a sua posição em face do concretismo. Para a formação daqueles, o poeta colaborou e de certa forma integrou-se à sua técnica e antes e depois deles usou dos mesmos recursos sem sacrifício da autenticidade de sua obra. O concretismo, entretanto, ele apenas o aceitou como movimento representativo de um grupo,

[1]A afirmação foi feita num almoço, ao qual também estava presente Prudente de Moraes, neto, ocasião em que Manuel Bandeira (analisando a significação do hermetismo de poema do autor deste comentário, que se mostrava emocionado ao dar a motivação e a explicação do oculto em seus versos) exclamou: "Vês, Prudente, não são uns parnasianos, são uma geração que tem medo de dizer."

mas nada apropriou dele, pois não se poderá chamar de apropriação algumas tentativas artificiais de realização de poemas concretos que encontramos no livro *Estrela da tarde*. Como ele mesmo disse, não aderiu à poesia concreta. Suas tentativas não passaram de poemas, conforme expressão sua, escritos "aplicando ao meu superado jeitão de poesia uns toques de concretismo", não crendo que os novos poetas os aceitassem como composições realmente concretas. Todavia, se de fato não aderiu, esforçou-se para compreendê-los, defendendo esses jovens da pecha de charlatães e procurando situar o concretismo no campo da poesia.

Essa participação do poeta na vida literária brasileira tem sido focalizada pelos mais lúcidos críticos e historiadores da literatura. No dizer de Mário da Silva:

> Sua poesia mesmo a realizada na linha do cotidiano, ou inspirada nas sugestões do folclore, ou partida de temas prosaicos e até vulgares, de certa visão ora ingênua ora simples e pitoresca, ou traduzida de maneira hermética e surrealista, ou apoiada em experiências formais aparentemente delirantes e incoerentes — nunca deixa de ser pessoal, atenta aos valores universais, e marcada pelo ideal de conjugar, perfeitamente, texto e contexto. É uma constante transfiguração dos assuntos e das circunstâncias, seja pela melancolia e a nostalgia, seja pela ironia e o humor. Mesmo o humor, nele, é antes um valor poético do que um recurso meramente gozado, que leva ao poema-piada, à graçola inconseqüente. Se é descritivo, pitoresco e exterior, regional e colorido, acrescenta a esses elementos, quase sempre malbaratados pelo modernismo, o sangue da evocação, ilumina-os de uma luz nova.

Por sua vez, Wilson Martins observa:

> Toda a grandeza, todo o segredo de Manuel Bandeira está em ter sido, durante quarenta anos, o '*uomo qualunque*' da poesia brasileira. Entendamo-nos bem: não pretendo diminuir-lhe no que quer que seja a altíssima eminência poética, nem fazer-lhe qualquer restrição criticamente insustentável. Mas, contemporâneo das grandes e das ruidosas revoluções de rua na República das Letras, vindo da aristocracia do Simbolismo para as lutas de gladiadores e para os entremezes cômicos do Modernismo, convivendo com o mais desorientado hermetismo e com as mais desproporcionadas pretensões de reforma da linguagem poética, inaugurando, em nosso país, o verso-livre, mas conservando sempre, na mais luzida forma, todos os seus virtuosismos parnasianos, espectador, talvez risonho e divertido, de todas as gerações que se sucederam e que, turno a turno, "inventavam" a poesia — ele se contentou com ser o que era, evoluindo lentamente ao sabor das estações, aperfeiçoando o seu instrumento, enriquecendo a sua sensibilidade, vivendo jornaleira e sinceramente a poesia, sem jamais "posar" nem como São João Batista do Modernismo nem como o São João dos apocalipses literários. É nesse sentido que o encaro como um "*uomo qualunque*", como o poeta que se contentou em escrever modestamente e solitariamente a sua obra, capaz de interessar-se pela grande feira literária (ao ponto de, setuagenário, deixar-se influenciar pelos divertimentos mais pueris da "poesia concreta"), mas resguardando com visível obstinação a sua personalidade inconfundível.

Acrescentamos ainda um trecho do depoimento de Sérgio Buarque de Holanda, atento sobretudo aos processos formais do poeta:

Ao oposto de tantos artífices de nossos dias, ele não tem e jamais teve a ambição de objetivar as efusões líricas em alguma construção totalmente independente e bem equilibrada. Sua poesia não quer ser um artefato. Exige a presença viva e permanente do autor, não apenas à sombra de uma inteligência eficaz; nisto denuncia bem a sua qualidade lírica, no sentido pleno da palavra.

Muitas das complicações técnicas em que se compraz, não são decididas, na obra deste engenheiro malogrado, pelo apego ao espírito de geometria, e sim, talvez, pelo pudor das próprias emoções, espécie de inteligência da sensibilidade. De onde certa dureza de timbre bem característica e, por vezes, certa rispidez deliberada, equivalente, de algum modo, à concepção estética representada na figura daquele cacto "belo, áspero, intratável", que um dia caiu atravessado na rua, quebrando os cabos elétricos e interrompendo por vinte e quatro horas a vida da cidade.

Compreende-se como no verso-livre, que foi ele, aparentemente, o primeiro a empregar entre nós, tivesse encontrado um instrumento bem adequado à sua expressão lírica, mais adequado, sem dúvida, do que muitas das formas canônicas. Esse instrumento estava no caminho natural de sua evolução poética, embora procedesse da influência imediata do pós-simbolismo francês. Mas ainda assim não o empolgaria por completo, nem sequer na coleção que traz expressamente o título de *O ritmo dissoluto*.

Desde há algum tempo nota-se mais certa inclinação para a volta às medidas mais regulares, e é bem significativo que em *Mafuá do malungo* se possa aproximadamente determinar a data em que teriam sido escritas certas peças, pela freqüência com que, entre as mais recentes, vão prevalecendo aquelas medidas. Seja qual for, porém, o rumo a que o levam essas novas tendências, conviria insistir em que o repúdio aos processos tradicionais representou neste caso o oposto do relaxamento. Representou, isto sim, a realização mais apurada das próprias exigências que seu lirismo se impusera desde o início.

Todavia, se foi sobretudo a poesia que consagrou Manuel Bandeira, não é desprovida de importância a sua obra de prosador.

Sendo um dos mais profundos conhecedores das técnicas poéticas, foram abundantes os seus trabalhos de teorização, nos quais demonstra, como poucos, aliás, a mais perfeita compreensão do ofício do poeta e expõe, geralmente com excepcional clareza, os princípios de realização, não somente os que o nortearam em suas composições, mas também, pela análise da obra alheia, os que determinaram a maneira de fazer das diversas escolas. Neste ponto, de resto, revela-se o historiador da literatura cujo espírito busca entender os motivos específicos de construção de cada poeta em sua época, acrescentando a esse modo de ver a pesquisa do que pudesse haver de permanente na expressão poética, para chegar à conclusão que se salientou no início deste estudo crítico.

Demais, tanto pela curiosidade do escritor, quanto pelo exercício do magistério, deixou Manuel Bandeira, em vários dos seus escritos, a demonstração da sua preocupação com os fatos da linguagem, com o nítido sentimento de que devessem eles constituir o instrumento básico da expressão simples e conforme o falar coloquial, aquele mesmo falar que adotava em suas conversas de amigo, nas suas palestras e nas suas aulas. E isso lhe permitia, sendo um mestre para os que o procuravam e um professor da maior seriedade pelo conhecimento, manter um diálogo sem o tom de austeridade que dele afastasse os seus admiradores principiantes e os seus alunos, estes, aliás, em sua maioria, verdadeiramente apaixonados pelas suas preleções, tal qual o foram, também, todos os que tiveram a oportunidade de ouvi-lo na intimidade dos encontros informais.

Mas, além do poeta e do técnico de literatura, a presente seleta procura dar, igualmente, a dimensão do cronista. Se a fama da primeira de suas qualificações abafou a do prosador que, a certa altura da vida, periodicamente escrevia para os jornais, isto não significa que não tenham idêntico merecimento as suas crônicas. Malgrado tratar-se de um gênero cuja elaboração é obrigatória, não lhe sendo permitido cometê-lo apenas quando possuído pela inspiração, conforme ele mesmo assinala relativamente à sua poesia, nem por isso as características do escritor são diversas. Também na prosa é um lírico, um descomprometido das temáticas maiores. E o fato do cotidiano aquele que mais o impressiona. As suas vivências são as que lhe proporcionam as amizades e o episódio singelo. O seu modo de encarar os acontecidos revela o mesmo humor com que se depara o leitor em inúmeros dos seus poemas. Demais, o lado humano das coisas nunca é grandiloqüente, da mesma forma que jamais terá sido um satirizador, temente, talvez, de magoar o personagem colocado sob a sua objetiva, sem dúvida, muitas vezes irônica.

Todavia, como efetivamente, nesses anos todos de vida e de participação, o poeta se tenha sobreposto em sua obra, há de se terminar este estudo com o que dele diz Carlos Drummond de Andrade, nestes versos:

> Certamente não sabias
> que nos fazes sofrer.
>
> É difícil de explicar
> esse sofrimento seco,
> sem qualquer lágrima de amor,

sentimento de homens juntos,
que se comunicam sem gesto
e sem palavras se invadem,
se aproximam, se compreendem
e se calam sem orgulho.

Não é o canto da andorinha, debruçada nos telhados da
Lapa, anunciando que tua vida passou à toa, à toa.
Não é o médico mandando exclusivamente tocar um tango
[argentino,
diante da escavação no pulmão esquerdo e do pulmão
[direito infiltrado.
Não são os carvoeirinhos raquíticos voltando encarapitados
[nos burros velhos.
Não são os mortos do Recife dormindo profundamente na
[noite.
Nem é tua vida, nem a vida do major veterano da guerra
[do Paraguai,
a de Bentinho Jararaca
ou a de Christina Georgina Rossetti:
és tu mesmo, é tua poesia,
tua pungente, inefável poesia,
ferindo as almas, fogo celeste, ao visitá-las;
é o fenômeno poético, de que te constituíste o misterioso
[portador
e que vem trazer-nos na aurora o sopro quente dos mundos,
[das amadas exuberantes e das situações exemplares
[que não suspeitávamos.

Por isto sofremos: pela mensagem que nos confias
entre ônibus, abafada pelo pregão dos jornais e mil queixas
[operárias;

essa insistente mas discreta mensagem
que, aos cinqüenta anos, poeta, nos trazes;
e essa fidelidade a ti mesmo com que nos apareces
sem uma queixa no rosto entretanto experiente,
mão firme estendida para o aperto fraterno
— o poeta acima da guerra e do ódio entre os homens —,
[o poeta ainda capaz de amar Esmeralda embora a alma
[anoiteça,
o poeta melhor que nós todos, o poeta mais forte.

BIBLIOGRAFIA DE MANUEL BANDEIRA*

I. POESIA

1917: *A cinza das horas.* Rio de Janeiro: *Jornal do Commercio* (edição do autor).

1919: *Carnaval.* Rio de Janeiro: *Jornal do Commercio* (edição do autor).

1924: *Poesias* (acrescido de *Ritmo dissoluto*). Rio de Janeiro: *Revista da Língua Portuguesa.*

1930: *Libertinagem.* Rio de Janeiro: Pongetti (edição do autor).

1936: *Estrela da manhã.* Rio de Janeiro: Ministério da Educação e Saúde (edição do autor).

1937: *Poesias escolhidas.* Rio de Janeiro: Civilização Brasileira.

1940: *Poesias completas* (acrescido de *Lira dos cinqüent'anos*). Rio de Janeiro: Companhia Carioca de Artes Gráficas (edição do autor).

1948: *Poesias completas* (acrescido de *Belo belo*). Rio de Janeiro: Casa do Estudante do Brasil.

1948: *Mafuá do malungo.* Barcelona: Prensa manual de João Cabral de Melo Neto.

1952: *Opus 10.* Niterói: Edições Hipocampo.

1954: *Poesias* (acrescido de *Opus 10*). Rio de Janeiro: José Olympio.

1955: *50 poemas escolhidos pelo autor.* Rio de Janeiro: Ministério da Educação e Cultura.

1958: *Poesia e prosa* (enriquecido com *Poemas traduzidos; Guia de Ouro Preto; Auto do Divino Narciso,* de Juana Inés de la Cruz; *Maria Stuart,* de Schiller; e epistolário). Rio de Janeiro: José Aguilar.

1960: *Estrela da tarde.* Salvador: Dinamene.

---

*Nesta bibliografia são sempre mencionadas as primeiras edições das obras de Manuel Bandeira.

1966: *Estrela da vida inteira*. Rio de Janeiro: José Olympio. Edição em homenagem aos 80 anos do poeta.

II. PROSA

1937: *Crônicas da Província do Brasil*. Rio de Janeiro: Civilização Brasileira.

1938: *Guia de Ouro Preto*. Rio de Janeiro: Ministério da Educação.

1940: *Noções de história das literaturas*. São Paulo: Companhia Editora Nacional.

1946: *Apresentação da poesia brasileira*. Rio de Janeiro: Casa do Estudante do Brasil.

1949: *Literatura hispano-americana*. Rio de Janeiro: Pongetti.

1952: *Gonçalves Dias* (esboço biográfico). Rio de Janeiro: Pongetti.

1954: *Itinerário de Pasárgada* (memórias). Rio de Janeiro: *Jornal de Letras*.

1954: *De poetas e de poesia* (crítica). Rio de Janeiro: Ministério da Educação e Cultura.

1957: *Flauta de papel* (crônicas). São Paulo: Alvorada Edições de Arte.

1962: *Poesia e vida de Gonçalves Dias*. São Paulo: Editora das Américas.

1966: *Andorinha, andorinha* (seleção e coordenação de textos inéditos em livro, de Carlos Drummond de Andrade). Rio de Janeiro: José Olympio. Edição em homenagem aos 80 anos do poeta.

III. ANTOLOGIAS (ORGANIZADAS POR MANUEL BANDEIRA)

1937: *Antologia dos poetas brasileiros da fase romântica*. Rio de Janeiro: Ministério da Educação e Saúde.

1938: *Antologia dos poetas brasileiros da fase parnasiana*. Rio de Janeiro: Ministério da Educação e Saúde.

1938: Poesias de Alphonsus de Guimaraens. Rio de Janeiro: Ministério da Educação e Saúde.

1942: *Sonetos completos e poemas escolhidos de Antero de Quental*. Rio de Janeiro: Livros de Portugal.

1943: *Obras-primas da lírica brasileira* (em colaboração com Edgar Cavalheiro). São Paulo: Martins.

1944: *Obras poéticas de Gonçalves Dias*. São Paulo: Companhia Editora Nacional.

1946: *Antologia dos poetas brasileiros bissextos contemporâneos*. Rio de Janeiro: Zélio Valverde.

1948: *Rimas de José Albano*. Rio de Janeiro: Pongetti.

1958: *Gonçalves Dias*. Rio de Janeiro: Agir.

1963: *Poesia do Brasil* (em colaboração com José Guilherme Merquior na fase moderna). Rio de Janeiro: Editora do autor.

1965: *O Rio de Janeiro em prosa e verso* (Em co-autoria com Carlos Drummond de Andrade; edição integrando a Coleção Rio IV Séculos, comemorativa do quarto centenário da cidade do Rio de Janeiro). Rio de Janeiro: José Olympio.

1965: *Antologia dos poetas brasileiros da fase simbolista*. Rio de Janeiro: Tecnoprint.

1967: *Antologia dos poetas brasileiros da fase moderna* (em colaboração com Walmir Ayala). Rio de Janeiro: Edições de Ouro.

SOBRE O ORGANIZADOR DESTA *SELETA*

Emanuel de Moraes, apresentador desta *Seleta*, nasceu no Rio de Janeiro em 2/10/1921. Poeta, crítico, ensaísta, jornalista e advogado, foi editoralista do *Diário Carioca* e do *Jornal do Commercio*. Estreou com o livro de poesia *Catedral de barro* (Hipocampo, 1952) e, em 1954, lança *Triângulo e fuga*, editado pela José Olympio. Publicou o ensaio interpretativo *Manuel Bandeira, análise e interpretação literária* (da série Documentos Brasileiros, José Olympio, 1962), com o qual conquistou o Prêmio José Veríssimo, da Academia Brasileira de Letras, sobre ele dizendo Alceu de Amoroso Lima: "Uma contribuição da mais alta importância à crítica literária em nossa terra e o mais completo estudo que já foi até hoje submetida a obra de Manuel Bandeira". Em 1972 participou da homenagem que a Editora José Olympio prestou a Carlos Drummond de Andrade, pelos seus setenta anos, com o ensaio *Drummond rima Itabira mundo*.

Tem várias obras publicadas entre ensaios, poesias e livros de direito.

A Daniel, agradecendo
as felicitações e os cravos.

As mais belas flores do mundo
Não dariam ao velho poeta
Enternecimento mais fundo
Nem alegria mais completa
Do que êstes cravinhos sem pose
Colhidos ontem mesmo, penso,
No amorável jardim suspenso
Da rua Marquês de Olinda, 12

Manuel

20.4.65

A Daniel, agradecendo as felicitações e os cravos

As mais belas flores do mundo/Não dariam ao velho poeta/Enternecimento mais fundo/Nem alegria mais completa/Do que estes cravinhos sem pose/Colhidos ontem mesmo, penso,/No amorável jardim suspenso/Da rua Marquês de Olinda, 12.

Manuel
20.04.65

Daniel, a quem Bandeira agradece, é Daniel Pereira, irmão de José Olympio. Os versos dizem respeito a uns pobres cravos (botões quase fechados) colhidos nos jardins da Editora José Olympio, na rua Marquês de Olinda, 12, em Botafogo – dos quais foi portador um amigo que trabalhava no Departamento Editorial.

A Lourdes

Nesta estrada tão áspera que trilho
Agora tu me dás em meu caminho
Os tesouros sem par do teu carinho
Como se eu fôsse teu segundo filho.

Deus te abençôe, minha amiga, minha
Irmã, – irmã que fôsse uma mãezinha.

[illegible]

8 maio 1867.

Para entrar depois de
"O crucifixo".

A Lourdes

Nesta estrada tão áspera que trilho/Agora tu me dás em meu caminho/Os tesouros sem-par do teu carinho/Como se eu fosse teu segundo filho.//Deus te abençoe, minha amiga, minha/Irmã – irmã que fosse uma mãezinha.

mb [Manuel Bandeira].
8 de maio de 1867.

Para entrar depois de "O crucifixo".

Poema escrito por Bandeira em exemplar de *Poesia completa e prosa* (2ª ed., José Aguilar Editora, Rio de Janeiro, 1967), com a recomendação de serem incluídos na 3ª edição depois do poema "O crucifixo".
Versos endereçados a dona Maria de Lourdes de Sousa.
Note o lapso de Manuel Bandeira ao datar: em vez de 1967, pôs 1867.

Este livro foi impresso nas oficinas da
DISTRIBUIDORA RECORD DE SERVIÇOS DE IMPRENSA S.A.
Rua Argentina, 171 – Rio de Janeiro, RJ
para a
EDITORA JOSÉ OLYMPIO LTDA.
em agosto de 2007

*

75º aniversário desta Casa de livros, fundada em 29.11.1931